당신은
어떤 사회에서
살고 싶으십니까

RESET 정론 ESSAY 1

당신은

Justice   Rights
Solidarity   Learnfare

자유권과 사회권이
충실히 보장되는 사회 만들기

어떤 사회에서 살고 싶으십니까

BETTER SOCIETY

김환식 지음

> 우리는 아직도 성장 대 복지, 자유 대 평등, 개인 대 공동체라는
> 이분법적 대립 속에서 소모적 논쟁을 반복한다. 성장도 중요하지만,
> 어떤 사회가 되어야 하는지도 중요하다. 우리 삶의 질이 달라진다.

어느새 선진국이 되어 버린 대한민국은 이제 자유권의
토대 위에서 주거권, 근로권, 학습권, 문화권, 보건권과 같은
사회권이 충실히 보장되는 그런 사회를 만들어야 한다.

우리 삶을 좌우하는 정치의 담론도 여기에 맞춰져야 한다. 이익 공동체로 변해 버린 정치체제가
나와 우리 모두의 삶을 살리는 가치 공동체로 바뀌어야 하는 이유이기도 하다.

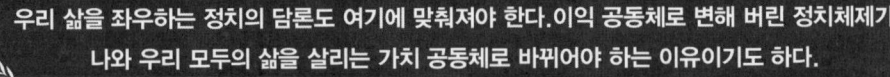

머리말

[삶을 묻는 말에
사회 재설계로 답하다]

　우리는 오랫동안 경제성장을 최고의 가치로 여겨 왔다. 빠른 속도의 산업화와 도시화, 소득의 증대와 소비의 편의성은 우리 사회를 놀라운 속도로 변화시켰다. 그러나 문득 돌아보면, 그렇게 성장한 사회 속에서 우리의 삶은 더 나아졌는지, 서로에게 더 따뜻해졌는지 묻지 않을 수 없다. 고립된 일상, 무너진 공동체, 불안정한 노동, 과도한 사교육과 주택 구매 부담은 우리를 지치게 만들고, 청년들은 '이생망(이번 생은 망했다)'이라는 말로 시대를 요약한다. 최근엔 우울한 한국의 미래를 'Peak Korea'로 표현하기도 한다. 이 책은 바로 여기에서 출발한다.

　'당신은 어떤 삶을 원하십니까?'라는 질문에서 시작하여, 곧 '그 삶이 가능해지려면 어떤 사회가 필요합니까?'라는 물음으로 이어진다. 삶의 질은 개인의 능력과 노력만으로 형성되는 것이 아니다. 삶을 둘러싼 공간과 제도, 관계와 구조가 어떻게 설계되어 있는가에 따라, 삶의 가능성은 전혀 다르게 펼쳐질 수 있다. 우리가 소중하게 여겨야 할 것은 소득의 크기만이 아니라, 존엄하게 숨 쉬며 살아갈 수 있는 조건들, 즉 '인간다운 삶'의 실질적 기반이다. 소득 1만 불의 국가에서 소득 4만 불의 국가로 경제력이 커졌듯이, 사회도 그에 맞게 성장해야 한다. 우리의 가치관과 인식도 달라져야 한다.

지금 한국 사회는 다층적 위기 속에 놓여 있다. 성장의 속도는 정체되고, 복지의 안정성은 약화되었으며, 시민사회는 정치적 갈등과 감정적 소모로 피로해지고 있다. 사람들의 마음속에 울분이 넘친다고 한다. 저출생과 고령화, 핵가족과 1인 가구의 확산, 다문화 사회로의 급진전은 전통적 사회구조의 균형을 흔들고 있고, 기후 위기와 생태 위기는 우리에게 지속 가능성이 강조되는 구조적 전환을 요구하고 있다. 여기에 디지털 기술의 급진적 발전과 인공지능(AI)의 일상화, 노동의 대체 가능성은 기존의 노동·소득·소비 순환 모델을 위협하며, 피라미드 인구구조를 전제로 한 사회보험 시스템의 지속 가능성에도 근본적인 의문이 제기되고 있다.

그런데도 우리는 여전히 성장 대 복지, 자유 대 평등, 개인 대 공동체라는 이분법적 대립 속에서 소모적 논쟁을 반복한다. 정치적 이해 다툼이 모든 담론을 압도한다. 열린 토론이 사라지고 있다. 그러나 그러한 구도를 넘어서야 한다. 더 많이 성장할 것인지도 중요하지만, 어떻게 함께 살아갈 것인가, 어떤 삶이 좋은 삶인가, 그 삶이 가능하게 하려면 어떤 사회가 필요한지도 함께 물어야 한다. 시민이 동료가 되는 사회를 만드는 것, 선배 세대가 후배 세대에게 해줘야 할 의무이다.

이 책은 인간다운 삶을 가능케 하는 사회를 다시 설계하고자 한다. 그 설계는 단순한 청사진이 아니라, 시민 한 사람 한 사람의 삶을 실질적으로 변화시킬 수 있는 구조적 제안이다. 이를 위해 다음 다섯 가지 영역을 중심으로 사회를 재구성하려 한다.

첫째, 도시 공간과 아파트 문화의 재구조화이다. 지나치게 높은 부동산 가격과 임대료를 요구하는 사회를 바꿔야 한다. 단절된 녹지와 고립된 아파트 단지를 넘어서, 보행권과 지역사회 공동체가 살아 숨 쉬는 도시, 교육·문화·복지 시설이 유기적으로 연결된 공간을 설계해야 한다. 환경권과 안전권이 보장되는 도시를 만들어야 한다. 아파트에 살지만, 공동체 의식을 기를 수 있어야 한다. Perry의 '근린주구 이론(Neighbourhood Unit Theory)'은 도시가 어떻게 삶을 품을 수 있는지를 알려주는 오래된 미래의 힌트이다. 창의적 재해석이 요구된다.

둘째, 근로권의 실질적 보장이다. 노동은 단지 생계 수단이 아니라, 인간 존엄의 핵심이다. '괜찮은 일'이 늘어나는 게 가장 중요하지만, 근로권도 국제규범 수준 이상으로, 선진국 수준으로 보장되어야 한다. 근로 기준이 개선되면 집단적 노사관계의 양태도 변하게 될 것이다. 일과 여가, 직장과 가정의 균형도 가능해질 것이며, 평생학습을 위한 시간도 확보될 것이다.

셋째, 복지 체계의 학습 복지(Learnfare)가 강화되어야 한다. 소득 복지(Welfare), 생산적 복지(Workfare)를 넘어 생애 전반에 걸쳐 학습권이 보장되어야 하며, 교육은 선택이 아니라 생존과 성장의 조건으로 자리매김해야 한다. 학교 교육을 넘어 노동시장의 근로자로서 능력 개발도 중요하다. 노인의 시기에 사회 속에서 자존심을 지키고 성숙한 인간으로 살기 위해서도 학습은 중요하다. 이제 복지는 소득 복지를 넘어, 일과 관련된 생산적 복지를 넘어, 생애 역량과 인간 발달의 관점에서 재설계되어야 하며, 그 중심에 평생학습이 놓여야 한다.

넷째, 문화·예술·체육의 공공성 회복이다. 문화·예술·체육은 공동체 삶의 기반이다. 그러나 이들의 공공성이 무너지자, 사교육이 비대해지고 영세 자영업이 늘어났다. 공공 기반의 문화·예술·체육 생태계가 지역사회 곳곳에서 만들어져야 누구나 어렵지 않게 저렴한 비용으로 누릴 수 있을 것이다. 이것이야말로 진정한 선진국이 되는 필수 요소이자, 문화강국으로 가는 대로(大路)이다. 나아가 이는 사교육을 줄이는 한 해법이며, 청년 문화예술인과 체육인이 학원이나 Gym을 창업하지 않아도 임금 생활자로 살아갈 수 있는 구조가 될 것이다. 물론 부동산 불패 신화도 약화할 것이다.

다섯째, 의료·보건 시스템의 근본적 혁신이다. 우리의 의료·보건 시스템은 세계 최고 수준이라고 자평(自評)한다. 그러나 이는 1차 진료 기관 중심의 시스템, 이들 진료 기관의 돈벌이 경쟁으로 만들어진 것이다. 과잉 진단과 진료, 과잉 처방, 실손보험 등이 보험 재정을 어렵게 하고 있다. 특히, 실손보험은 도덕적 해이와 의료비 낭비를 불러오는 주범(主犯)이 되고 있다. 이제 1차 의료는 지역 보건소와 큰 장비가 필요 없는 작은 개인병원이 담당하고, 진료와 치료는 곳곳에 존재하는 종합병원이 감당하는 구조로 전환되어야 한다. 그래야 감염병 대응 병상도 확보될 수 있다. 물론 구급차 체계, 약국의 권한 등 전반적인 공공보건 기반의 재설계가 절실하다. 물론 핵심은 농어촌과 벽지에 살아도 의료서비스를 받는 데 어려움이 없어야 한다는 데 있다.

이러한 제안들은 단편적인 복지정책이나 기술적 해법이 아니다. 그것은 '삶의 질을 정치의 중심에 두는 사회 설계'이며, 새로운 사회계약의 철학적 출발점이다. 공동체와 개인이 윈-윈(Win-Win)할 수 있는 방법론이 될 것이다. 또한 이러한 접근은 기존의 행정 문법과 정책 패러다임을 초월한다. 도시정책, 건축정책, 노동정책, 교육·복지정책, 문화·예술·체육정책, 보건정책 등 우리 사회의 핵심 제도들의 방향 조정만으로는 충분치 않다. 복합문제(Wicked Problem)가 되었기에 정책 패러다임 전환이 필요하다. 정책을 미세하게 조정하는 것으로 문제의 뿌리를 해결할 수는 없기 때문이다. 문제는 잠시 감춰질 수 있지만, 결국 어느 순간 폭발하듯 터질 것이다. 그리고 그 순간, 우리는 늘 그래 왔듯 '왜 미리 준비하지 못했을까?' 하고 되묻게 될 것이다. 지금도 많이 늦었다. 당장 시작해야 한다.

사회적 대타협이 필요하다. 전환은 고통을 수반한다. 기득권을 조정해야 하며, 당장의 이해관계를 넘어선 공동체적 감수성과 국민적 인내, 미래를 향한 정치적 용기가 요구된다. 관성대로 흘러가는 정책 체계를 그대로 두고, 도드라지는 문제만 떼어 내 봉합하는 방식으로는 이제 버틸 수 없게 된 것이다. 모든 사안을 종합적으로 바라보고 해법을 만들어야 한다. 단일 정부 부처 중심이나 권한도 책임도 없는 위원회 조직에 정책 설계를 맡기는 구조를 넘어서야 한다.

이 책은 그러한 총체적 전환을 위한 설계도이다. 그것은 단지 제안이 아니라, 선택을 요구하는 사회계약의 실질적 초안이다. 이 책에서 제시하는 논의들은 필자의 개인 연구소인 "교육과 사회의 대개조 연구센터(RESET: Research Center for Societal and Educational Transformation)"의 문제의식과도 맞닿아 있다. RESET은 '교육과 사회를 다시 설계한다'라는 뜻을 넘어, 우리 모두 인간다운 삶을 살 수 있도록 우리의 삶의 구조와 제도를 재편성하는 아이디어와 전략의 산실이 될 것이다.

마지막으로, 다시 질문을 던진다. '당신은 어떤 사회에서 살고 싶으십니까?' 그 질문은 곧 '나는 어떤 삶을 살고 싶은가?', '이웃과 어떤 관계를 맺고 싶은가?', '우리 공동체가 어떤 방향으로 나아가야 하는가?'라는 질문과 맞닿아 있다. 그리고 이 책은 그 질문에 사회 재설계라는 방식으로 답하고자 한다. 우리는 지금, 새로운 사회계약을 준비해야 한다. 그 사회계약은 이미 설명한 다섯 가지 방향(주거권, 근로권, 학습권, 문화권, 보건권)을 기반으로 한다.

대한민국 국민이라면 그 어디에서도 이러한 혜택을 다 누릴 수 있어야 한다. 이러한 사회가 되도록 국가는 구조와 제도를 설계하고 이를 보장할 책임을 지며, 시민도 단지 수혜자가 아닌, 공동체 설계에 참여하는 주체로 서야 한다. 권리는 요구하되, 책임도 나누어져야 하며, 그 균형 위에서 지속 가능한 사회가 가능해질 것이다. 이제는 결단의 순간이다. 어떤 사회를 지향할 것인지, 우리는 답해야 한다.

이 책은 필자의 경험과 공부, 사유의 산물이다. 사기업에서 직장 생활을 시작했다가 뒤늦게 고시 공부를 시작해 정부 공무원으로, 중간에 고용휴직 등으로 정부출연연구소, 전문대학, 호주 퀸즐랜드주 정부, 국제기구인 UNESCO 파리와 방콕 사무소 등에서 근무했던 삶의 산물이다. 특히 직업교육과 평생교육 그리고 인적자원개발을 중심으로 정책을 만들고 집행하면서, 3곳의 시도(市道)에서 부교육감으로 일을 하면서 생긴 깨달음의 결과이다. 여러 해에 걸쳐 몇몇 대학에서 대학원 강의도 했다. 그 사이 50권 가까운 정책연구도 수행했고, 10권이 넘는 저서(공저 포함)도 출간했다. 이 모든 공부가 뭉쳐서 나온 생각이다.

독자들께서는 이 책의 주장이 익숙하지만, 또 뭔가 새로운 주장이라는 느낌이 드실 것이다. 주장은 간단하다. 정치도 경제성장도 중요하지만, 더 중요한 것은 자유권과 사회권이 충분히 보장되는 사회와 나라를 만들어야 한다는 것이다. 이제 정치의 담론도 여기에 맞춰져야 한다. 이익 공동체로 변해버린 정치체제가 다시금 가치 공동체로 바뀌어야 하는 이유가 된다.

목차

머리말
삶을 묻는 말에 사회 재설계로 답하다

제1부
삶의 질은 무엇인가?

제1장 성장의 신화, 삶의 질의 붕괴   17
제2장 권리로서의 삶 – 자유권과 사회권의 보장   22

제2부
사회를 다시 설계하다!

제3장 도시와 아파트의 재구상   39
제4장 선진국 수준의 근로권 보장   63
제5장 Welfare, Workfare를 넘어 Learnfare가 필요   99
제6장 문화 · 예술 · 체육시설의 확대와 공공성 강화   118
제7장 사회기반시설로서의 보건 · 의료 시스템   148

제3부

새로운 사회를 위한 대(大)개조 전략

제8장   RESET 사회의 미래 구상   183
제9장   사회정책이 중심이 되는 국정 운영   192
제10장 정책 설계의 새로운 접근   211

맺음말

제1부

삶의 질은 무엇인가?

한때 경제성장이 최고의 가치였던 시절이 있었다. 성장하면 삶의 질도 동반 상승할 것이라고 생각했다. 그러나 그러한 생각은 잘못이라는 것이 확인되었다. 세계 10대 무역 강국이 된 우리나라에 경제성장과 함께 중요해진 것은 어떠한 사회를 만들 것이냐다.

제1부는 바로 자유권과 사회권이 충실히 보장되는 사회가 인간다운 삶을 보장하며, 소득 3~4만 불의 시대에 적합한 사회라고 주장한다. 따라서 정부도 이제는 경제정책 중시에서 벗어나 사회정책을 중시하는 방향으로 정책 기조가 바뀌어야 함을 설명한다.

제1장 ───

성장의 신화,
삶의 질의 붕괴

한국은 세계 최빈국에서 세계 10대 경제대국으로 도약한 전 세계에서 유일한 국가이다. 식민 지배와 전쟁, 독재(獨裁)를 거치면서도 민주주의를 확립했고, 오늘날 'K-Wave', 'K-Culture'로 대표되는 문화적 위상을 전 세계에 떨치고 있다. 이처럼 경이로운 경제적 성과는 많은 이들에게 자부심이자 성공의 증표로 여겨졌다. 그러나, 이런 경이로운 경제성장이 과연 우리를 행복하게 만들었는가?

'경제성장이 곧 삶의 질 향상으로 이어진다'는 믿음은 오랫동안 우리 사회를 지배해 왔다. 하지만, 이 믿음은 지금, 분명한 한계에 도달했다. 국민소득은 증가했지만, 시민들의 일상은 점점 더 고단해지고 있다. 불안정한 노동, 치솟는 임대료, 만연한 사교육, 팽창된 도시와 아파트 속에 갇힌 생활, 무한경쟁 속에서 사람들은 점점 더 '이생망(이번 생은 망했다)'이라는 자조적 언로로 삶을 설명한다. 삶은 팍팍해졌고, 공동체는 해체되었으며, 희망은 희미해지고 있다.

정부는 뭔가 열심히 일하는 것 같지만, 변화는 체감되지 않고, 문제는 점점 더 복합화되고 있다. '삶의 질을 고려하지 않은 성장 우선 정책'의 결과이자, 그릇된 사회 설계의 총체적 실패이다.

경제는 성장했지만, 사회는 제자리에 머물렀다

우리는 분명히 국민소득 1만 불 시대를 지나, 3~4만 불 수준의 고소득 국가로 진입했다. 경제적 규모는 커졌지만, 사회는 그에 걸맞은 성장을 이루지 못했다. 지금도 많은 시민과 정책 결정자들은 1만 불 시대의 사고방식에 머물러 있다. '더 성장해야 잘살 수 있다', '성장이 답이다'라는 명제는 여전히 강고하다.

경제지표는 중요하다. 그러나 그것이 인간다운 삶을 보장해 주지 못한다면, 그 성장의 의미는 퇴색된다. 소득과 부의 분배는 사회문제의 유일한 해법으로 제시된다. 그러나 문제는 '분배의 방식'에 있는 것이 아니다. 진짜 문제는 '삶의 구조와 사회의 설계'가 잘못되어 있다는 데 있다. 우리는 아직도 '어떤 사회를 만들 것인가?'라는 근본적 질문을 피하고 있다. '어떤 사회를 만들 것인가'에 대한 합의가 부재하다.

민영화된 일상, 무너진 공공성

오늘날 한국 사회는 더 이상 근로와 생산 중심의 경제 구조가 아니다. 부의 축적은 점차 근로소득이 아닌 부동산과 금융투자 등 '비(非)노동소득'에 기반하게 되었고, 국가는 사실상 이를 조장해 왔다. 세종시를 포함한 신도시 개발로 가장 많은 부를 축적한 주체는 아이러니하게도 공공기관이었고, 정부의 도시계획과 부동산 정책은 공공성을 표방하지만, 결과적으로 수익성이 강조되었다.

아파트는 주거 공간을 넘어 투기의 대상이자 불로소득의 원천으로 자리 잡았고, 마을 공동체와 대가족 공동체는 해체되었다. 시민을 위한 공용 공간은 줄어들고 문화·예술·체육은 점차 사적 시장으로 편입되었다. 아파트 단지 안의 공원, 피트니스 센터, 커뮤니티 공간도 카드키 없이는 접근할 수 없는 사적 공간이 되었고, 외부인은 그곳에서 걷는 것조차 허락되지 않는다. 시민들은 이웃을 잃었고, 공유공간은 배타적 사유지로 전락했다.

교육 역시 공교육 이후부터는 완전히 시장화되어 있다. 성인은 '자유시장'에서 알아서 학습해야 하며, 노인 교육은 '시간을 때우는 취미활동'으로 취급된다. 체육, 예술, 학습 모두가 개인의 경제력에 따라 접근 가능성이 갈린다. 민영화된 일상은 사적 부담을 분절시키며, 공공성은 점점 더 축소되고 있다.

또한, 직장 생활하면서 휴가를 내기도 어렵다. 자연스럽게 일과 여가, 직장과 가정의 조화는 어려워진다. 그러면서 정부는 임시공휴일이나 대체휴일을 통해 큰 선심을 쓰는 것처럼 생색을 낸다. 권리는 사라지고 시혜(施惠)만 남아 있다.

우리는 다른 선택을 할 수 있다

해법은 단순하다. 공공투자를 통해 사적 소비를 줄이는 것, 바로 그것이다. 만약 도서관과 커뮤니티 공간, 체육시설, 의료시설이 풍부하게 공급되었다면, 시민들은 지갑을 열지 않고도 품격 있는 삶을 누릴 수 있었을 것이다. 하지만 우리는 반대로 가고 있다. 유지 비용도 감당하기 힘든 공항, GTX, 공장 부지 조성과 같은 대형 인프라에 천문학적 예산을 쏟고, 삶의 질을 좌우하는 사회적 인프라에는 인색하다.

이제 돈의 흐름, 즉 파이프라인을 바꿔야 한다. 자본의 축적(?)이 아닌 삶의 질 향상에 예산을 사용해야 한다. 공공성의 회복은 단지 복지의 문제가 아니라 사회 전체의 지속 가능성을 위한 선택이다.

우리는 어떤 사회를 만들고자 하는가?

이제 우리는 자문해야 한다. 과연 우리는 어떤 사회를 꿈꾸고 있으며, 그 사회는 어떻게 설계되어야 하는가? 이 질문에 답하기 위해, 다음 장에서는 '권리로서의 삶'을 이야기한다. 자유권과 사회권의 충실한 보장을 통해, 우리는 모두에게 인간다운 삶을 보장하는 사회를 만들어야 한다. 그리고 제2부에서는 삶의 질을 실질적으로 향상시키기 위한 다섯 가지 축을 제안한다. 주거권, 근로권, 학습권, 문화권, 보건권의 충실한 보장, 이 다섯 가지는 '사회적 설계의 핵심'이자, '미래를 위한 집단적 선택'이다.

성장만으로는 충분하지 않다. 이제는 '삶의 조건'을 다시 설계할 때이다. 삶의 질은 성장이 가져오는 부산물이 아니라, 사회적 선택과 설계의 산물이다. 그리고 지금이 바로 그 선택의 순간이다.

제2장

권리로서의 삶
- 자유권과 사회권의 보장

삶은 의무와 더불어 권리로 이해되어야 한다

현대사회에서 시민은 다양한 의무를 지닌 존재로 살아간다. 법과 규범을 준수하고, 세금을 납부하며, 공동체의 질서를 유지하고 유지 비용을 분담하는 등, 시민은 국가공동체의 일원으로서 규율되고 기대되는 역할을 수행한다. 이러한 시민의 의무는 단지 국가 공권력의 요구를 수동적으로 따르는 차원을 넘어서, 공동체 유지에 기여하고 사회적 책임을 실천하는 행위로 이해된다.

그러나 동시에, 현대사회의 시민은 단지 의무의 주체로만 존재해서는 안 된다. 시민의 '삶'은 단순한 생존의 연장이 아니라, 헌법과 국제 규범이 보장하는 기본권에 기반한 '권리로서의 삶'으로 이해되어야 한다. 이는 국가의 시혜나 개인의 행운에 따라 좌우되는 삶이 아니라, 시민이 스스로 요구할 수 있고 공적으로 보장받아야 할 삶의 조건이자 사회계약의 핵심 내용이다.

이러한 관점에서 '삶의 질'은 경제적 성장의 부산물이 아니라, 시민 각자가 자유롭고 존엄하게 살아갈 수 있도록 제도적으로 보장된 권리의 실현 수준으로 평가되어야 한다. 국가는 사적 배경이나 시장의 논리에 따라 삶의 질이 좌우되지 않도록, 누구나 평등하게 접근할 수 있는 사회적 조건과 기회를 공공정책을 통해 보장해야 한다.

결국 삶은 의무의 이행만으로 완성되지 않는다. 그것은 동시에 권리의 향유가 함께 보장될 때 비로소 '인간다운 삶'이 된다. 시민은 규율의 대상이자 공동체의 기여자인 동시에, 자신의 존엄을 지키기 위해 권리를 주장할 수 있는 주체다. 권리로서의 삶은 국가가 지켜야 할 공적 약속의 실현이자, 민주주의가 성숙하는 가장 중요한 기반이며, 이는 의무와 권리가 상호 균형 속에서 존중되는 삶의 구조를 의미한다.

자유권 보장은 민주사회의 기본이다

자유권은 시민의 존재를 가능하게 하는 가장 기초적인 권리이며, 민주사회의 토대이자 출발점이다. 자유권은 국가 권력의 자의적 개입으로부터 시민을 보호하기 위한 방패이자, 시민이 자신의 삶을 설계할 수 있는 최소한의 공간을 마련해 주는 조건이다. 표현의 자유, 양심의 자유, 종교의 자유, 집회의 자유, 거주·이전의 자유, 신체의 자유 등은 모두 자유권에 포함되며, 이들은 시민이 사회의 일원으로 살아가기 위해 가장 먼저 그리고 지속적으로 보장받아야 할 권리들이다.

자유권은 오랫동안 '소극적 권리'로 분류되어 왔다. 이는 국가가 간섭하지 않으면 시민의 자유가 자동으로 실현된다는 전제에 기초한 것이다. 그러나 오늘날의 현실은 이와 다르다. 표현의 자유는 단순히 말할 수 있는 권리가 아니라, 자신의 의견을 구성하고 표현할 수 있는 능력, 그리고 그것을 전달할 수 있는 매체와 플랫폼에 대한 접근권(Access)이 함께 보장되어야만 실질화된다. 마찬가지로 거주의 자유 역시 법적 권리 선언만으로는 실현되지 않으며, 안정적인 주거환경과 연결될 때 비로소 현실적 자유로 기능한다.

즉, 자유권은 다른 권리들과의 교차 속에서 구체화되는 '구현 기반이 필요한 권리'이며, 이는 자유권이 실질적 조건과 제도적 인프라 속에서만 실현 가능하다는 점을 의미한다. 자유권은 홀로 존재할 수 없고, 사회적 조건과 연결되어야만 제 기능을 발휘한다.

오늘날 한국 사회는 정치적 자유, 특히 표현의 자유와 선거권 등 정치참여권에 지나치게 집중되어 있는 경향이 있다. 또한 정치적 결사체와 그 주변 세력은 본래 지향해야 할 가치 공동체로서의 기능보다는 공익이나 공공성으로 포장된 사적 이익을 추구하는 집단으로 변하는 것 같다. 그 결과 정치적 주의(-ism)나 담론은 넘쳐나지만, 그 주장은 진실한 삶의 가치에 닿지 못한 채 공허한 수사로만 남고 있다. 결국 정치가 구현해야 할 인간다운 삶은 구호와 형식에 갇힌 채, 실질적 내용이 없는 포장지처럼 여겨지곤 한다. 물론 정치는 사회적 가치의 우선순위를 결정하는 장(場)이기에 중요하며, 민주주의의 핵심 축인 것은 분명하다.

그러나 자유는 정치적 자유만으로 구성되지 않는다. 문화적 자유, 사회적 자유, 경제적 자유와 같은 권리들도 균형 있게 보장되어야 하며, 이들이야말로 시민이 일상에서 자신의 삶을 능동적으로 구성해 나갈 수 있는 기반이 된다. 또한 자유권의 실효성은 사회적 배경, 교육 수준, 경제적 능력에 따라 현저히 다르게 나타난다. 법률이나 헌법에 명시된 권리로 존재한다고 해서 모든 시민이 동등한 자유를 누리는 것은 아니다. 자유권은 선언으로 존재하는 것이 아니라, 현실적 보장 장치의 촘촘함, 즉 교육, 정보 접근, 사회 인프라, 문화 자본 등 의해 구체화된다.

따라서 자유권의 보장은 단순한 권리의 열거를 넘어, 시민 개개인이 실질적인 자유를 누릴 수 있도록 하는 권리의 사회적 조건과 제도적 토대를 설계하는 작업이어야 한다. 이는 자유권을 단지 국가의 간섭으로부터의 자유가 아니라, 자신의 삶을 결정하고 실현할 수 있는 실질적 자기 결정권(Real Autonomy)으로 재구성하는 것을 의미한다.

결론적으로 자유권은 정치적 자유를 넘어서는 다차원적 자유의 체계로 재인식되어야 하며, 이는 사회권과의 조화 속에서 실질화될 수 있다. 자유권은 사회권과 대립되는 권리가 아니라, 사회권을 통해 구현되고 확장되는 권리이다. 정치적 민주주의와 사회적 민주주의는 서로에게 필수적이며, 둘이 함께 갈 때만이 시민의 권리와 존엄은 온전히 보장될 수 있다.

사회권의 충실한 보장이 삶의 질을 좌우한다

사회권은 인간의 존엄을 지키기 위한 집합적 권리이며, 그 기원은 산업화 시기로 거슬러 올라간다. 19세기 말에서 20세기 초, 노동자계급의 열악한 생활 조건과 심화되는 사회적 불평등은 정치적 쟁점으로 부상했고, 이에 따라 근로권, 건강권, 교육권 등 생존을 위한 최소한의 조건을 공적으로 보장해야 한다는 사회적 요구가 본격화되었다. 이러한 흐름은 복지국가의 탄생으로 이어졌고, 사회보장제도, 공공의료, 공교육, 공적연금 등 다양한 제도적 장치로 제도화되었다.

초기의 사회권은 주로 사회적 약자 보호를 중심에 두었고, 이는 위험으로부터의 방어라는 차원에서 '리스크(Risk)의 사회화'라는 개념으로 정당화되었다. 하지만 시간이 흐르며 사회권은 단지 보호를 넘어 삶의 질 향상과 시민의 실질적 사회 참여를 위한 적극적 권리로 재정의되기 시작했다. 학습권, 문화권, 환경권, 안전권 등은 이러한 권리

확장의 전형적인 사례들이다.

   오늘날 사회권은 교육과 보건, 노동과 주거, 문화적 생활에 이르기까지 삶의 거의 모든 차원을 포괄하는 구조로 발전하고 있다. 특히 학습권은 기존의 교육권을 넘어, 생애 전 주기에 걸쳐 누구나 평등하게 학습의 기회를 보장받아야 할 권리로 인식되고 있다. 이는 개인의 직업적 이동성, 사회 통합, 건강한 노화와 같은 삶의 전반적 질을 결정하는 요소와도 깊은 연관을 맺고 있다.

   이처럼 확장된 사회권은 단순한 복지의 영역을 넘어서, 시민 각자의 역량(Capabilities)을 형성하고 실현할 수 있도록 뒷받침하는 핵심 조건으로 작용한다. 아마르티아 센(Amartya Sen)과 마사 누스바움(Martha Nussbaum)이 강조한 바와 같이, 역량이란 단지 자원이 아니라 삶을 선택하고 실현할 수 있는 실질적인 자유의 공간을 뜻하며, 이는 경제적 자원만으로는 보장될 수 없다. 사회권은 개인의 소득이나 계층적 배경이 역량 형성에 미치는 영향을 완화하고, 공정(Fairness)과 형평(Equity)을 제도적으로 보장하는 수단이 된다.

   따라서 사회권은 더 이상 부차적 권리로 머물 수 없다. 그것은 자유권과 마찬가지로 인간다운 삶의 핵심 조건이며, 국가와 사회가 보장해야 할 공적 책임의 구조이다. 사회권의 충실한 보장 없이는 자유 또한 허공에 뜬 선언에 머물 수밖에 없으며, 삶의 질은 구조적 불평등 속에서 제한될 수밖에 없다.

더욱이 오늘날 우리는 사회권의 개념과 구조 자체를 재정립해야 할 새로운 시대적 전환점에 서 있다. 저출생과 고령화, 이민의 증가, 기술 발전에 따른 노동의 감소와 재편은 기존 사회보장 체계의 기반이었던 '피라미드형 인구구조'와 '노동을 통한 소득 창출'이라는 전제를 근본적으로 흔들고 있다. 전통적인 복지국가는 생산가능인구가 다수인 사회를 전제로 설계되었으나, 이제는 그 전제가 무너지고 있는 것이다.

일할 수 있는 사람이 줄어드는 상황에서 '일을 기반으로 한 권리 보장', 즉 근로를 통해 사회보험에 기여하고 혜택을 받는 구조는 점점 유지되기 어려워지고 있다. 이는 단지 제도 개편의 문제가 아니라, 사회권의 철학과 재정 기반, 그리고 국가와 시민 간의 역할을 다시 정의해야 하는 새로운 사회계약의 문제로 귀결된다.

이제 우리에게 필요한 것은 과거의 권리 구조를 연장하는 것이 아니라, 생애 전 주기에서 인간의 존엄성과 삶의 질을 실질적으로 보장할 수 있는 새로운 권리 체계, 새로운 사회적 약속을 설계하는 일이다. 사회권은 그 중심에 있어야 하며, 이는 더 이상 선택이 아닌 지속 가능한 공동체를 위한 필수적 과제이다.

그럼에도 불구하고, 이러한 사회적 변화와 권리 구조에 대한 깊은 논의 없이 단지 '기본소득'이나 '기본 사회'라는 개념만을 앞세울 경우, 그 담론은 정치적 슬로건 이상의 의미를 갖기 어렵다. 사회권에 대한 사회적 합의와 철학적 기반이 충분히 형성되지 않은 상태에서 새로운 제도를 주장하게 되면, 그것은 실질적인 대안이 되기보다는 정치적 갈등과 사회적 분열을 촉발하는 촉매가 될 위험이 크다.

따라서 지금 필요한 것은 구호가 아니라, 사회권의 성격과 구조, 국가와 시민의 역할에 대한 공론화된 논의와 새로운 사회계약에 대한 집단적 상상력이다. 그것이 없다면 어떤 정책도 제도도 정당성을 확보하기 어렵고, 지속 가능하지도 않다.

자유권과 사회권의 통합적 보장이 필요하다

자유권과 사회권은 상호 대립적이거나 선택의 대상이 아니다. 이 두 권리는 서로를 보완하고 상호작용 함으로써, 시민이 인간다운 삶을 실현할 수 있도록 한다. 자유권이 개인의 존재 그 자체를 보장한다면, 사회권은 그 존재가 존엄하고 의미 있는 삶으로 이어질 수 있도록 사회적 조건을 구성한다.

실제로 자유권이 제도적으로 보장된다고 하더라도, 사회권이 결여된 상태에서는 시민의 실질적 자유는 위태로워질 수밖에 없다. 예컨대, 표현의 자유가 법적으로 보장되어 있더라도, 교육의 기회가 제한되거나 정보 접근성이 낮은 계층은 자신이 말하고자 하는 내용을 형성하거나 전달할 수 있는 능력 자체를 갖기 어렵다. 이는 곧 자유권의 실질적 불평등을 야기한다.

반대로, 사회권이 충실히 보장될 때 자유권의 실효성 또한 극대화된다. 학습권의 보장은 비판적 사고와 자율적 판단의 기반이 되고, 건강권은 자유로운 사회적 활동의 전제가 된다. 근로권과 주거권은 자립적 삶을 유지할 수 있는 경제적 토대를 제공한다. 따라서 자유권과 사회권은 상호 분리된 두 권리 체계가 아니라, 통합된 인권 구조의 두 축으로서 시민의 삶을 구성한다.

헌법적 질서 또한 이 두 권리의 통합적 보장을 요구한다. 자유권은 민주주의의 정신이고, 사회권은 공화주의적 책임이다. 양자의 충실한 보장은 단지 개인의 권리를 넘어서, 사회 전체의 신뢰와 연대, 공존의 질서를 가능하게 하는 기반이 된다.

무엇보다 중요한 것은 이 두 권리가 결코 대체 가능한 것이 아니라는 점이다. 사회권 보장이 없는 자유권만의 강조는, 결국 교육, 정보, 건강, 주거 등에서의 격차를 심화시키며, 불평등한 자유를 정당화하는 수단이 될 수 있다. 이는 공화주의의 기반을 허물고, 공동체의 신뢰와 연대를 약화시킬 위험이 있다.

반대로, 자유권 보장이 결여된 채 사회권만을 강조할 경우, 시민은 국가로부터 보호는 받되, 표현과 비판, 정치적 자율성이 억압된 채 전체주의적 질서 속에 종속된 존재로 전락할 수 있다. 이는 민주주의의 핵심 원리인 시민의 자유로운 자기결정과 견제의 기능을 마비시켜, 사회권 자체의 정당성마저 흔들리게 만든다.

자유와 평등, 존재와 존엄이 함께 보장될 때, 비로소 인권은 추상적 선언이 아닌 현실적 삶의 구조가 된다. 그 균형의 이름이 바로 '인간다운 삶'이다.

인간다운 삶이란?

정리해 보자. 인간다운 삶이란 단지 물질적 풍요나 안전한 생활이 보장되는 상태가 아니라, 자율적 주체로서 삶을 선택하고 구성할 수 있는 권리 기반의 삶이다. 자유권과 사회권이 균형 있게 보장되는 사회에서만 시민은 존재와 존엄 모두를 유지하며 살아갈 수 있다.

존재의 조건으로서의 자유권은 필수적이지만, 그것만으로는 충분하지 않다. 인간은 관계 속에서, 사회적 조건 속에서 자신의 삶을 실현하기 때문이다. 학습할 수 있는 권리, 건강을 유지할 수 있는 권리, 주거와 노동의 안정성, 문화적 표현의 자유 등은 모두 존엄한 삶을 가능하게 만드는 핵심 권리들이다.

이러한 맥락에서, 권리는 추상적 선언이 아니라 구체적이고 실천 가능한 사회적 구조로 제도화되어야 하며, 국가와 공동체는 이를 위한 조건을 적극적으로 형성할 책임이 있다. 삶의 질은 권리의 총합이 아니라, 권리들의 유기적 보장과 그 실현의 지속성으로 측정되어야 한다. '인간다운 삶'은 곧 '권리가 보장된 삶'이며, 이는 헌법의 핵심 가치이자 모든 정책이 지향해야 할 최종 목적이다.

이제 경제정책을 넘어 사회정책이 더 강조되어야 한다

사회정책은 오랫동안 소득 재분배, 사회적 보호, 위험 완화라는 전통적 목적을 중심으로 설계되어 왔다. 그러나 이제 사회정책은 시민의 역량을 강화하고, 지속 가능한 삶의 조건을 구성하는 공공 전략의 중심축으로 재정의되어야 한다. 복지국가가 과거의 시혜 중심 체제에서 권리 중심 체제로 전환되었듯이, 사회정책 또한 생애 전 주기의 학습과 삶의 질 보장을 위한 능동적 제도 설계로 진화해야 한다.

경제정책은 주로 생산성, 경쟁력, 기술혁신과 같은 목표를 중심으로 하며, 시장과 기업이 주체가 되고, 국가는 조세·금융정책 등을 통해 이를 조력하는 역할을 수행해 왔다. 그러나 사회정책은 그 구조적 성격상 정부의 적극적 개입, 조정, 그리고 직접 보장의 역할이 필수적이다. 교육, 노동, 보건, 돌봄, 주거, 문화와 같은 기본적 생활 영역은 시장의 논리나 개인의 선택에만 맡길 수 없는 공공재이자 공동체의 지속성을 위한 사회적 기반 조건이기 때문이다.

특히 교육은 경제정책과 사회정책의 교차 지점에 있으며, 미래의 생산 역량을 구성함과 동시에 현재의 사회적 평등을 조정하는 핵심 요소이다. 학습권을 중심으로 한 사회정책은 시민 각자가 생애 전 주기에서 능동적으로 삶을 재구성할 수 있도록 지원하는 '역량 기반 사회정책(Capability-Oriented Social Policy)'으로 전환되어야 한다.

이러한 전환은 단순히 정부 주도의 정책 설계만으로는 가능하지 않다. 시민사회의 참여, 기업과의 협력, 지역사회 네트워크의 활성화 등 다양한 주체가 함께 참여하는 다중 행위자 기반의 정책 거버넌스가 필요하다. 사회정책은 시민의 삶을 보장하고, 공동체의 통합성과 지속 가능성을 지탱하는 사회적 인프라로서의 위상을 다시 확보해야 한다.

그럼에도 우리는 여전히 경제정책을 최우선 과제로 여긴다. 경제정책이 중요하지 않다는 것이 아니다. 그러나 지금은 우선순위가 바뀌어야 할 시점이다. 경제정책 중심 사고는 '성장이 삶의 질을 향상시킨다'는 오래된 믿음에 뿌리를 두고 있다. 하지만 우리는 이미 여러 차례 역사 속에서 경제성장과 삶의 질이 반드시 일치하지 않는다는 사실을 확인해 왔다.

사회정책을 강조하는 것은 단순한 정책 영역의 이동이 아니다. 그것은 정책 형성 방식 자체의 전환을 요구한다. 사회정책은 행정부의 단독 추진으로 완성될 수 없고, 국회의 입법만으로도 충분하지 않다. 공론화, 시민참여, 사회적 협의를 통해 정당성을 확보하고 실행되어야 하는 고도의 민주적 과정이다. 이는 개발 경제 시대처럼 정부가 앞서고 민간이 뒤따르는 방식으로는 더 이상 유효하지 않다는 사실을 의미한다.

　문제는 여기서 그치지 않는다. 여전히 많은 국민은 정부가 강하게 이끌어 주길 기대하며, 과거 소득 1만 불 시대의 개발 담론을 반복하고 있다. 그러나 정작 정부는 그러한 사회적 기대를 수렴하고 방향을 제시할 담론적 리더십도, 제도적 준비도, 전략적 비전도 갖추지 못한 상태다. 국민은 기다리고 있고, 정부는 주저하고 있다. 이것이 오늘날 한국 사회가 처한 가장 구조적인 한계이며, 우리가 마주한 암울한 현실이다.

제2부

사회를 다시 설계하다!

우리는 세상을 설계하는 권리를 가져야 한다. 현재의 제도는 우연히 주어진 것이 아니라, 바뀔 수 있다. 아니 바뀌어야 한다. 새로운 사회의 다섯 가지 핵심 영역을 제시한다.

① 도시는 사람을 위해 설계되어야 한다. 도시 공간의 구조는 사람들의 삶의 방식과 관계를 결정짓는다. 삶의 질을 높이는 도시 설계가 되어야 한다. 그리고 아파트 개발과 아파트에서 삶은 주거(住居)라는 본질적 기능에 집중하도록 해야 한다.
② 근로권은 복지 이전에 보장되어야 할 기본권이다. 집단적 노사관계를 통해 근로조건이 상향되는 방식이 바뀌어야 한다. 국가 스스로 선진국 수준에 맞는 근로조건을 만들어 가야 한다.
③ 복지는 나눠주는 것이 아니라, 취업역량과 더불어 평생에 걸쳐 배우고 살아가는 생태계를 조성하는 것이다. 따라서 Welfare, Workfare를 넘어 Learnfare로까지 복지가 확대되어야 한다.
④ 예술·체육·문화의 공공성이 강화되어야 한다. 그래야 사교육과 사적 임대 시장이 줄어든다. 즐기는 삶과 건강한 삶이 강화된다.
⑤ 의료는 시스템이다. 병상만 많다고 공공의료가 아니다. 개업하여 돈을 벌도록 만든 현재의 의료 시스템을 바꿔야 한다. 엄청난 시설투자를 하는 개인병원은 줄여나가고 전문의들이 종합병원에서 일을 할 수 있도록 만들어야 한다.

제3장

도시와 아파트의 재구상

한국 사회의 도시와 주거 공간은 오랫동안 이윤 중심의 아파트 개발과 차량 중심의 도시정책 아래에서 구조화되어 왔다. 이러한 개발 논리는 도시를 콘크리트와 아스팔트, 철근과 시멘트로 덮어버렸고, 삶의 터전은 회색빛 건축물들 사이에 갇히게 되었다. 국토계획과 도시계획은 개발과 보전 사이에서 방향을 잃은 채 방황해 왔고, 그 결과 도시는 기능적으로도, 정서적으로도 시민들에게 만족스러운 공간이 되지 못하고 있다.

이제는 질문을 바꾸어야 한다. 우리는 어떤 도시에서 살고 싶은가? 지금 이 시대를 살아가는 한국 시민에게 필요한 주거 공간은 무엇인가? 고립과 소외, 소음과 분절의 공간이 아니라, 자연과 보행, 교육과 돌봄, 문화와 관계가 어우러지는 공간이어야 하지 않겠는가?

본 장에서는 도시와 주거 공간을 공동체의 회복이라는 관점에서 재구성하고자 한다. 특히, 미국의 도시계획가 클라렌스 페리(Clarence Perry)가 제안한 '근린주구이론(Neighborhood Unit Theory)'을 바탕으로, 녹지 축과 보행권, 문화·복지·체육·예술 시설 등이 유기적으로 배치되는 도시 구조를 상상한다. 이와 함께 고립된 아파트 단지를 지역공동체의 거점으로 전환할 수 있는 공간 구조의 재설계를 제안한다.

나아가 공공투자의 방식과 목표 또한 변화해야 한다. 지금까지의 아파트 개발은 분양가 상승을 통해 이윤을 극대화하고, '고급화'라는 이름 아래 Community Center, Fitness Room, 수영장, 급식시설 등 과도한 부대시설을 경쟁적으로 도입해 왔다. 이는 주거를 상품화하고, 도시 공간을 배타적 소비의 대상이 되게 했다. 부동산 가격 상승의 주범이 되어 왔다. 어찌 보면 정부가 조장해 왔다고도 볼 수 있다. 그러나 도시와 주거는 공동체를 위한 사회적 기반이며, 공공이 주도하는 공간 재편을 통해 불필요한 투자를 줄이고, 분양가를 낮추며, 시민들이 '함께 살아가는 공간'을 되찾을 수 있도록 해야 한다. 도시는 이제 경제적 효율성이 아니라, 인간다운 삶을 품을 수 있는 구조로 재설계되어야 한다. 이 장은 그 출발점을 시민의 주거권에서 찾고자 한다.

1. 국토는 중앙정부와 지자체가 서로 개발 경쟁을 하는 곳이 아니다

국토는 국민 모두의 삶의 터전이며, 후손에게 물려주어야 할 가장 근본적인 공공자산이다. 그럼에도 불구하고 지금까지 대한민국의 국토는 중앙정부와 지방정부가 서로 경쟁하듯 개발 계획을 앞다투어 추진하는 무대가 되어 왔다. 누구보다 국토를 많이, 빠르게 훼손한 주체는 다름 아닌 국가 그 자체였다. 새만금 개발, 시화 방조제, 공항 신설, 고속도로 확충과 도로 직선화, 대규모 산업단지 조성 등은 단기적 개발 이익과 정치적 효과를 노린 국가 주도의 대표적 사업들이다. 그러나 그 결과는 어떤가? 수십 년 동안 수조 원이 투입되었지만, 실질적인 삶의 질은 향상되지 않고, 국토 생태계의 회복 불가능한 훼손과 재정의 낭비, 그리고 공동체의 해체만을 초래했다.

그렇다고 지방자치단체라고 다르지 않다. 지자체 역시 중앙정부의 투자 유치를 위해 경쟁적으로 토지를 내주고, 개발 유인을 확대하며, 지역 주민들에게는 일자리와 인프라라는 달콤한 약속을 내건다. 그 과정에서 농지는 줄어들고, 하천은 복개되며, 국토는 점점 더 회색빛 콘크리트로 뒤덮인다. 전국의 산업단지 가운데 지금도 분양률이 저조한 지역도 있고, 분양은 되었으나 입주율이 떨어지는 곳도 많으며, 실제 폐업한 경우도 많아 이들 모두를 합치면 사실상 비어 있는 부지는 꽤 많다고 할 수 있다. 그럼에도 여전히 중앙정부와 지자체는 '또 다른 산업단지'를 외치며 새로운 녹지와 농지를 훼손한다. 고속도로, 국도, 지방도로가 서로 엉켜 가며 도로망이 중첩되지만, 과거에 사용되던 도로는 사실상 농민들이 그 위에서 곡식을 말리는 유휴공간으로 전락했다.

환경을 보전하기 위해 정부는 개인에게 그린벨트를 설정하여 사유재산권을 제한하지만, 정작 국토를 가장 광범위하게 훼손하는 주체가 정부 자신이라는 점은 큰 아이러니가 아닐 수 없다. 여전히 정치권은 다리, 도로, 터널, 공항, 산업단지 등 '눈에 보이는 구조물'을 만들어 달라고 아우성치고, 지역사회는 이를 지역 발전의 신호탄으로 받아들인다. 그러나 그런 투자 대부분은 토건 자본과 결탁된 구조 속에서 이윤만 증식되고 도시와 지역은 공동화되어 간다.

투자의 타당성을 평가하겠다는 정부의 예비타당성조사 제도조차 실상은 '귀에 걸면 귀걸이, 코에 걸면 코걸이' 식이다. 예외 조항이 너무 많아, '해주고 싶으면 해줄 수 있는' 구조가 되어 버렸다. 대형 개발을 통해 표를 얻고 싶은 정치인, 대형 사업을 통해 권력을 유지하고 싶은 정부, 이 둘 사이의 이해관계는 너무나도 잘 맞아떨어졌다. 실제로 정부는 개발 계획을 승인해 주는 조건으로 정치인들을 통제했고, 정치인들은 개발 성과를 통해 '유능한 국회의원'이라는 평가를 받은 측면이 있다. 그 결과, 대한민국 곳곳에 경제성 없는 공항이 지어지고, 10년 넘도록 완공되지 못한 도로와 다리가 방치된 채 남겨져 있다.

이것이 바로 개발에 포획된 정치의 구조이다. 국민의 땅과 세금이 정치와 관료의 이해관계에 포획당한 것이다. 결국 진짜 피해자는 국민이다. 개발이 단기간에는 지역 발전과 소득 증대의 효과가 있는 것처럼 보일 수 있지만, 장기적으로는 환경파괴와 비효율, 그리고 삶의 질 저하라는 부메랑이 되어 돌아오게 된다.

이제 우리는 질문을 바꾸어야 한다. 땅값이 오르는 것이 좋은 개발인가? 아니면 내가 살아가는 도시 생태계와 마을 공동체가 풍요로워지는 것이 진짜 개발인가? 대형 토목공사의 효율성이 아니라, 내가 걷는 길, 마시는 공기, 만나는 사람과의 관계가 더욱 좋아지는 도시 공간을 상상할 수 있어야 한다. 국토는 더 이상 경쟁과 이익의 대상이 아니라, 삶의 기반이자 함께 가꾸어야 할 공동 자산으로 다시 인식되어야 한다. 그 인식의 전환이야말로 오늘날 우리 사회가 반드시 회복해야 할 첫걸음이다.

2. 도시는 삶의 질을 보장하는 공간이다

도시는 단지 사람들이 모여 사는 공간이 아니라, 일상과 관계, 문화와 노동, 교육과 휴식이 유기적으로 이루어지는 삶의 터전이다. 그럼에도 불구하고 지금까지의 도시정책은 삶의 질에 대한 철학을 결여한 채, 차량과 아파트 중심의 효율성과 개발 논리에 지배되어 왔다. 도시는 곧 시장이 되었고, 주거는 상품이 되었으며, 땅은 투기의 대상이 되었다.

세종시의 사례는 이를 여실히 보여 준다. 행정수도의 기능을 일부 이전하고, 자족도시를 만들겠다는 원대한 계획은 애초의 철학과는 달리, 땅값 상승과 투기 과열로 귀결되었다. 평당 300만 원이 넘는 단독택지 분양가는 정부 스스로가 '국가'라는 이름으로 투기를 주도한 셈이며, 결국 그 수혜자는 부동산 투기 세력이었다. 주변 땅값을 일거에 올려 버린 방아쇠가 되었다. 단기적 경제 효과와 '보여 주기식' 도시개발은 결과적으로 도시의 목적을 왜곡시켰고, 부동산 가격만 뒤흔들었다.

어떤 이는 세종시를 두고 '상전벽해'라 하며, 젊은 부부가 살기 좋은 도시로 극찬하기도 한다. 물론 아파트 생활에 익숙하고, 차량 이동에 편리함을 느끼며, 전통시장이나 동네 슈퍼보다는 주말마다 대형마트에서 여가를 함께 즐기는 라이프스타일을 지닌 이들에게는 만족스러울 수 있다. 하지만 그 이면을 들여다보면, 결국 또 하나의 회색빛 시멘트 도시가 건설되었을 뿐이다. 걷기 위해서는 수시로 횡단보도를 건너야 하고, 자전거 이동 역시 차량 흐름에 종속된다. 도시 전체는 '보행의 도시'라기보다 '차량 중심의 도시'라는 한계를 여전히 갖고 있다. 아침, 저녁으로 차량으로 밀리는 도로를 보면 그저 안타까울 따름이다.

문제는 이 구조가 현재만을 기준으로 설계되었을 뿐, 미래의 지속 가능성에 대한 고려는 부족하다는 점이다. 인공 구조물은 처음엔 깔끔하고 효율적으로 보이지만, 시간이 지나면 막대한 유지관리 비용을 요구하며, 결국 낙후된 시설은 또다시 재개발이라는 이름의 공공비용을 필요로 하게 된다. 과연 언제까지 우리는 이러한 악순환을 반복할 것인가?

　도시개발은 단기적인 외형의 변화만으로는 부족하다. 오히려 일정 수준 이상의 인프라를 넘어서면, 더 많은 돈을 쏟기보다는 도시에 삶이 깃들 수 있는 조건, 예를 들면 공공시설, 일자리, 관계 공간 등을 설계하는 것이 훨씬 더 지속 가능한 개발이 된다. 도시란 사람들이 일하고, 살아가고, 공동체를 만들어 가는 공간이기에, 도시정책은 콘크리트가 아니라, 사람과 관계를 중심에 두고 설계되어야 한다. 이것이 진정한 삶의 질을 보장하는 도시의 모습이다. 주택 가격이 오르는 도시가 아니라, 걷고 머물며 살아가는 공간이 편안한 도시야말로 진정한 선진 도시다. 도시정책은 물리적 인프라 중심에서 인간 중심의 삶의 질 보장으로 철학적 전환을 해야 한다.

3. 녹지 축, 보행자길, 자전거길, 바람길, 물길까지를 모두 고려한 도시 설계가 요구된다

　도시는 단순한 구조물의 집합체가 아니라, 하나의 유기적인 생태계다. 이 생태계는 바람이 통하고, 물이 흐르며, 햇빛과 나무가 조화를 이루고, 사람들이 걷고 머무르며 관계를 맺는 방식으로 작동한다. 도시란 콘크리트의 양으로 존재감을 드러내는 것이 아니라, 생명과 흐름이 살아 있는 장소일 때 비로소 의미가 있다. 그러나 한국의 도시

설계는 이러한 생태적 유기성을 철저히 외면한 채, 개발이라는 단일 목표 아래 도시를 철근과 아스팔트로 덮어 버렸다.

도심 재개발은 대부분 고층 아파트와 상업시설로 귀결되고, 그 결과 보행자와 자전거 이용자, 어린이와 노인 같은 도심의 약자들은 설계의 대상에서 소외된다. 이들에게 도시란 조심해서 통과해야 하는 위험 공간이지, 걷고 즐기며 살아가는 공간이 아니다. 차를 중심으로 설계된 도시는 사람을 밀어낸다. 도시의 본질이 '이동'이 아니라 '머무름'이라는 점을 망각한 채, 우리는 도시를 거대한 이동통로로 전락시켜 왔다.

도시는 흐름이 있어야 한다. 녹지 축은 사람과 자연이 만나는 공간의 연결선이 되어야 하며, 보행로와 자전거도로는 도시의 모세혈관처럼 섬세하고 촘촘하게 이어져야 한다. 바람길은 도시의 열섬현상을 완화하고 미세먼지를 흩어 내는 자연의 정화 시스템이고, 물길은 생태계의 회복력과 다양성을 지켜 주는 핵심 요소다. 그러나 지금 우리는 이 모든 흐름을 인위적으로 끊어 놓았다. 도시의 숨통은 막혔고, 도시는 병들어 가고 있다.

청계천 복원 사업은 단순히 덮여 있던 하천을 되살린 것이 아니다. 그것은 도시의 생태적 감수성을 회복하고, 공간의 철학을 바꾸는 전환점이었다. 복원된 청계천은 서울 시민은 물론 외국인 관광객에게도 도심 한가운데에서 자연을 마주하는 감흥을 선사하며, 도시란 곧 자연과 사람이 공존할 수 있는 장소임을 다시 일깨웠다.

최근에는 '쉬리'라는 멸종위기 물고기가 청계천에서 발견되었다는 소식이 전해지며, 생태 복원의 가능성과 도시 자연의 위대함이 새삼 조명되었다. 도시가 강과 하천을 밀어내는 것이 아니라, 품는 구조가 되어야 한다는 점을 상징적으로 보여 주는 사례이다.

이제 도시 설계는 물리적 구조물의 효율적 배치라는 차원을 넘어야 한다. 도시는 사람과 자연이 함께 살아가는 공간이며, 도시의 생태적 회복력은 곧 시민의 건강, 관계, 삶의 질과 직결된다. 이는 단지 환경을 보호하기 위한 수단이 아니라, 우리가 어떤 방식으로 살아갈 것인지에 대한 도시 철학의 구조적 전환을 의미한다. 건물을 덜 짓고 길과 숲을 더 이어야 하며, 속도가 아니라 머무름을 고려하는 도시, 흩어짐이 아니라 연결을 만드는 도시야말로 우리가 지향해야 할 미래 도시의 모습이다.

4. 지하 구조물은 최소화해야 한다

지하공간의 개발은 표면적으로는 공간 활용의 효율성과 도시의 정돈을 돕는 것처럼 보이지만, 그 이면에는 막대한 장기 비용과 안전 위험이 내재되어 있다. 대규모 지하 주차장, 대심도(大深度) 지하철도, 지하 고속도로 등은 눈앞의 편리함을 제공할 수 있을지 모르지만, 그 유지·보수 비용은 시간이 갈수록 늘어날 수밖에 없고, 한번 발생하면 치명적인 사고로 이어질 수 있는 구조적 위험성도 안고 있다. 도시의 '지속 가능한 개발'이라는 개념은 지상의 녹지와 건축물뿐 아니라, 지하에 감춰진 구조물의 위험까지 포함해야 비로소 완성될 수 있다.

최근 정부가 추진하고 있는 GTX 사업은 대표적인 예다. 대도시의 교통혼잡을 해소하겠다는 명분 아래, 지하 40~50미터 이상을 파내는 대심도 지하철도가 계획되고 있다. 하지만 우리는 과연 그 안전성과 유지관리 체계에 대해 충분히 논의하고 있는가? 서울 곳곳에서 발생하는 싱크홀 현상은 이미 지하공간의 과도한 개발이 불러온 경고 신호이다. 그럼에도 불구하고 정치권은 지상 철도를 지하화하고, 더 많은 지하 구조물을 추가하겠다는 계획을 멈추지 않고 있다. 세계 어느 도시가 지상 철도를 전면적으로 지하화하려는 정책을 일관되게 추진하고 있는가? 이는 세계적으로도 드문 개발 편향이다. 그리고 천문학적인 그 비용은 누가 부담할 것인가?

더욱이 기후 위기의 심화로 인해 폭우와 침수의 위험이 커지고 있는 오늘날, 지하공간은 더 이상 안전한 선택지가 아니다. 그럼에도 불구하고 아파트 단지들은 여전히 지하 주차장을 늘리고 있다. 공원 조성과 차량 없는 지상 공간을 만들겠다는 이유에서다. 물론 정부의 법령도 지상 공원 등 여러 이유로 지하 주차장을 장려하고 있다. 하지만 침수된 차량이 어느 날 아무 일 없던 것처럼 '괜찮은 중고차'로 둔갑해 다시 시장에 유통되는 현실은, 우리가 여전히 '눈에 보이지 않는 위험'

을 외면하고 있다는 증거이다.

　이러한 지하공간에 대한 집착은 단순히 기술적 선택의 문제가 아니다. 이는 땅값이 비싸다는 구조적 현실, 공공시설을 '집값을 떨어뜨리는 혐오시설'로 여기는 문화, 그리고 도시 설계 전반에 깔린 공간 배분의 철학 부재에서 기인한다. 땅값이 비싸다는 이유로 땅을 두 번 사용하는 듯한 착시를 제공하는 지하 개발은 실제로는 미래 세대에 빚을 떠넘기는 무책임한 행위일 수 있다.

　우리는 이 문제에 대해 다른 나라들의 사례를 통해 배울 수 있다. 프랑스 파리의 경우, 지하공간을 철저히 제한된 목적에만 사용하고, 도시문제는 지상의 복합적 공간 활용을 통해 해결한다. 파리의 하수구 박물관(Musée des Eguouts de Paris)은 지하 인프라가 얼마나 신중하게, 그리고 유지 가능한 방식으로 설계되어야 하는지를 보여 주는 상징적 사례다. 또한 파리 15구 센강 주변의 고층 건물 숲 사이를 연결하는 보행로와 공원은, 자동차 중심 도시와 보행자 중심 도시가 어떻게 공존할 수 있는지를 보여 준다.

　방콕의 고층 콘도미니엄 단지 역시 참고할 만하다. 이곳은 주거 공간과 주차 공간을 분리하고, 주차장은 지상에 마련한 뒤 그 위를 공원과 휴게공간으로 재활용하여, 주민의 삶의 질과 안전을 동시에 확보하고 있다. 이러한 설계는 단지 건축 기술의 문제를 넘어서, 도시의 가치와 철학을 어떻게 정의하느냐의 문제임을 말해 준다.

이제 한국은 '보이지 않는 위험'에 대한 감수성을 높여야 한다. 지하 구조물의 대규모 확장은 단기적으로는 깔끔한 도시를 제공할 수 있을지 몰라도, 결국 그 유지관리와 사고 위험의 부담은 후손에게 전가된다. 도시개발은 지금 당장의 편의도 좋지만, 미래의 지속 가능성도 함께 고려해야 한다. 주차장은 지상에 별도의 주차 공간을 만들고, 그 위를 공원이나 쉼터로 조성하는 발상의 전환이 필요하다. 지상 공간을 더욱 풍요롭고 다기능적으로 활용할 수 있도록 설계하는 것, 그것이 진정으로 지속 가능한 도시의 길이다.

5. 학교는 문화·예술·체육·복지시설 등과 연계되어야 한다

학교는 단지 학생들이 지식을 습득하는 장소에 머무르지 않는다. 학교는 지역사회 내에서 가장 안정적으로 존재하는 공공시설이며, 특히 도시에서 넓은 부지와 지속적 공공 재원이 투입되는 유일한 공간이기도 하다. 이러한 맥락에서 학교는 단일 목적의 교육시설이 아니라, 지역공동체의 중심 기반이자 다기능 복합 공간으로 재구성될 필요가 있다.

클라렌스 페리(Clarence Perry)의 근린주구이론은 주거지 반경 내에 학교, 공원, 상업시설, 문화·복지 시설 등을 유기적으로 배치함으로써 공동체적 삶을 가능하게 해야 한다는 도시 설계 철학을 제시한 바 있다. 이는 시설의 단순한 나열이 아니라, 시민의 일상 동선과 관계망이 자연스럽게 형성되는 공간 구조를 의미한다. 한국의 도시 설계는 이 철학을 놓친 채 학교와 복지, 예술, 체육시설 등을 분절적으로 배치해 왔고, 이는 학교의 과부하를 초래하거나 지역사회와의 연결을 차단하는 결과로 이어졌다. 교육자치 이후에 더 심해졌다.

외국에서는 이러한 문제를 보다 유기적으로 해결하고 있다. 예를 들어, 선진국들의 공립학교는 학교 공간을 학생 중심으로 운영하면서도, 주말이나 저녁 시간에는 지역 주민에게 개방하여 도서관, 커뮤니티 룸, 체육시설 등을 함께 사용하는 시스템을 구축하고 있다. 출입구를 구분하고, 시간대별로 공간의 용도를 전환함으로써, 학교의 안전성과 지역공동체의 활용성을 동시에 확보하고 있는 것이다. 학교를 마치 '공공의 거점 공간'처럼 설계하는 이러한 사례는 우리 도시계획에도 반영되어야 한다.*

한국은 반대로 '모든 것을 학교 안에 집어넣는' 구조로 대응하고 있다. 돌봄 기능의 통합이 대표적이다. 아이를 학교에 보낸 부모가 다시 차량을 이용해 지역 돌봄센터로 아이를 데려가야 하는 비효율을 막기 위해, 아예 돌봄 시설을 학교 안에 두고자 한다. 이는 늘봄학교, 유보통합, 방과 후 학교의 확대 등에서 잘 나타난다. 그러나 이러한 접근은 매우 위험한 착시다. 교육기관인 학교가 복지기관의 역할까지 떠맡게 되면, 본래의 교육 기능은 약화되고 행정 부담은 심화된다. 이미

---

* 이에 관련된 법이 교육부가 관장하는 「학교복합시설 설치 및 운영·관리에 관한 법률」이다.

그러한 현상이 나타나고 있다.

도시 설계는 단기적 효율성보다 장기적 지속 가능성과 교육 생태계 전반을 고려해야 한다. 특히 신도시 개발에서는 처음부터 학교, 복지, 예술, 체육시설이 함께 결합되는 구조로 설계되어야 한다. 세종시의 사례는 반면교사다. 도시가 계획적으로 조성되었음에도 불구하고, 학교와 주변 공공시설이 물리적으로 분리되고, 시설 간 연계가 단절되어 공동체적 삶의 기반이 허약하다. 기존 도시는 새로운 모델을 통해 점진적 재조정이 가능하지만, 신도시는 철학 없는 설계로부터 이미 돌이킬 수 없는 한계를 가질 수 있다.

이를 해결하기 위해서는 교육청과 지자체 간의 협력이 필수적이다. 예산과 공간계획, 인력 배치에 있어 행정적 연계가 뒷받침되어야 하며, 교육청이 '학교 중심의 정책'을 설계하고, 지자체가 '지역 기반의 복지·문화 정책'을 통해 학교와의 연계를 책임지는 방식으로 역할 분담이 재조정되어야 한다. 학교 설립과 도시계획은 더 이상 별개의 사안으로 취급되어서는 안 된다. 두 영역은 하나의 구조로 통합적으로 논의되어야 하며, 도시기획 단계에서부터 지자체는 학교를 중심으로 한 복합적 생활권 설계를 염두에 두어야 한다. 이를 위해서는 무엇보다도 지자체의 일반행정관서가 학교를 포함한 도시계획을 총괄하는 전환이 필요하다. 교육청 또한 학교를 고립된 공간으로 방어하거나, 학생 안전을 이유로 지역사회와의 연계를 회피해서는 안 된다. 학교는 교육의 공간인 동시에 지역공동체의 일원이며, 열린 협력의 관점에서 도시의 다른 공공시설들과 유기적으로 연결되어야 한다. 일반행정관서와 적극 협력 해야 한다.

또한 통학로, 보행로, 학교 주변의 환경 안전 역시 일반행정관서가 주도적으로 책임져야 한다. 교육청이 학생의 수업과 생활지도에 집중할 수 있도록, 지역사회는 안전한 통학 환경과 접근 가능한 생활시설을 제공해야 한다. 이 역시 '학교 안의 문제'가 아니라, '학교 밖 환경의 공공성'이라는 관점에서 접근되어야 한다.

결론적으로, 학교는 모든 것을 품을 수 없다. 학교가 혼자서 교육·복지·돌봄·문화의 중심이 되려는 시도(試圖)는 오히려 공동체적 삶의 가능성을 좁힌다. 학교는 중심이 아니라 거점이어야 한다. 주변과 연결되고, 다른 공공시설들과 상호작용 하며, 관계와 흐름 속에서 작동하는 유기적 생태계의 일환으로 설계되어야 한다. 그럴 때 비로소 학교는 학생만이 아니라, 지역 전체의 삶을 품을 수 있는 공간이 될 수 있다.

6. 아파트가 아닌 다른 주거 문화를 만들어 낼 수 있어야 한다

지금의 한국 사회는 도시든 농촌이든, 서울이든 지방이든, 어디를 가나 아파트 일색이다. 초가집에서 기와집으로, 기와집에서 양옥으로, 양옥에서 아파트로의 전환은 산업화와 도시화의 상징처럼 여겨졌지만, 이제는 '아파트만이 유일한 주거 방식'이라는 신화가 만들어졌다. 2~3층짜리 단독주택들이 아파트로 대체되는 현상은 '도심 재개발'이라는 미화된 이름 아래 진행되며, 단독주택에 거주하는 삶은 교정의 대상이 되어 버렸다. 일부 고급 주택지를 제외하고는 아파트에 사는 것이 곧 '잘사는 것'이라는 왜곡된 인식이 사회 전반에 퍼져 있다.

이러한 아파트 중심 주거 문화는 효율성과 수용력, 집단 관리의 장점이 있는 반면, 삶의 방식과 공간의 다양성을 급격히 축소시켰다. 한국 사회는 점점 '같은 크기, 같은 구조, 같은 가전, 같은 풍경' 속에 사는 사람들로 채워지고 있으며, 이는 삶의 표준화, 공동체 해체, 주거 문화의 단절, 다양한 직업의 소멸이라는 사회적 비용으로 돌아오고 있다. 더 나아가 정부조차 아파트 확장을 기정사실로 하며, 아예 처음부터 확장형 구조로 아파트를 설계·허가하고 있는 실정이다. 이는 평당 분양가를 높이는 원인이 되고, 실제 가격과는 착시 현상을 만들어 낸다. 건설회사도 다음 건설 때 분양가를 계속 높게 받을 수 있는 메리트가 존재한다. 이것이 과연 정부의 바람직한 주택정책인가?

아파트로의 획일화는 다양한 주거유형(단독주택, 연립주택, 코하우징, 셰어하우스, 타운하우스 등)의 설 자리를 빼앗았다. 이로 인해 그와 연계된 다양한 일자리와 생활 방식도 함께 사라졌다. 예전에는 동네마다 있던 소규모 자영업자들(열쇠 수리공, 조적공, 철물점, 수리 기사 등)은 거의 자취를 감췄다. 이제는 아파트 관리사무소에서 대부분의 사소한 수리와 생활 민원을 일괄 처리 하거나, 아예 전문 외주업체에 위탁하는 구조가 일반화되었다. 그 결과, 일상생활에서의 작은 문제들을 해결해 주던 동네 수리공, 철물점 주인, 간단한 공사 일을 하던 자영업자 등은 설 자리를 잃었다. 주민 개개인의 삶은 효율적으로 정비된 시스템 속에 들어가 있지만, 그 효율성은 인간관계의 밀도를 희생시킨 결과다.

아파트는 표면적으로는 편리하고 체계적인 공간처럼 보이지만, 실제로는 사람들의 삶을 하나의 틀 속에 '격납'하고, 각자의 역할을 규격화된 사용자로 축소시키는 구조다. 더욱 심각한 것은, 이 체계가 인간관계를 기능적 거래 관계로 환원시킨다는 점이다. 관리사무소 직원과 입주민 간의 관계는 점점 갑을(甲乙) 관계로, 나아가 일종의 신분적 위계관계로 변질되고 있다. 입주민은 '관리받는 사람'이 아니라 '지시하는 사람'으로, 관리 직원은 '보조자'가 아니라 '하급자'로 인식되는 문화가 고착화되고 있다.

이러한 구조는 관리 효율의 문제가 아니라, 공동체의 해체를 의미한다. 아파트라는 공간은 오히려 이웃과의 관계보다는, 역할과 의무, 민원과 요구만이 오가는 공간이 되었고, 이는 도시 속 고립을 더욱 심화시킨다. 공동체가 사라진 자리에 남는 것은 표준화된 주거유형과 비인격적인 서비스 관계뿐이다. 관리사무소 직원에 대한 폭언과 감정노동, 입주자 간의 고립과 불신은 이 시스템이 만들어 낸 사회적 폐해(弊害)이다.

주거란 단지 '살 집'을 넘어, '어떻게 살아갈 것인가'를 포함하는 삶의 구조다. 지금 우리는 아파트라는 물리적 구조를 통해 삶의 관계성마저 구조화하고 위계화하는 현실에 직면해 있다. 이 문제는 주거 문화의 철학 부재에서 비롯된 것이며, 관계의 복원을 고민하지 않는 한, 아파트는 결코 인간다운 삶의 공간이 될 수 없다.

외국에서는 Garage를 중심으로 취미 활동이나 소규모 제조·수리업이 활발히 이루어진다. 주거가 곧 일터가 되고, 마당이 이웃과의 관계망이 되는 방식이 가능하다. 그러나 한국의 아파트에서는 그러한 문화가 자리 잡을 틈이 없다. 더 심각한 문제는 이러한 아파트 개발이 도시를 넘어 농촌, 심지어 면 단위까지 확대되고 있다는 점이다. 논밭 옆에 아파트가 들어서고, 미분양 상태로 방치되는 단지들이 생기고 있다. 이 현상은 단지 자원의 낭비가 아니라, 국가적 상상력의 빈곤이자 주거정책 실패의 단면이다.

'전원주택'은 원래 도시와 분리된 곳에 사는 주택 형태를 의미하지 않는다. 전원적 삶이란 더 나은 삶의 질과 공간의 자율성을 의미한다. 하지만 한국에서는 시골에 새롭게 지은 집만을 전원주택이라 부르고, 아파트가 아니라는 이유로 편의성, 자산가치, 재산권 보호의 측면에서 불리한 평가를 받는다. 시간이 흘러 집을 팔거나 상속할 때 발생하는 손해는, 결국 다시 '아파트가 답'이라는 신념을 강화시키며, 아파트 신화의 굴레를 더욱 공고히 만든다.

진정한 주거권 보장이란 '잠잘 공간이 있다'는 물리적 제공을 넘어,

'어떻게 살아갈 것인가'에 대한 선택의 자유와 삶의 다양성을 보장하는 것이다. 이제 필요한 것은 아파트에 대한 비판이 아니라, 아파트 바깥의 삶을 제안할 수 있는 제도적 상상력이다. 단독주택에 살아도 쓰레기 분리수거, 보안, 냉난방, 주차, 커뮤니티 공간 활용 등에서 아파트 못지않은 편리함을 누릴 수 있어야 하고, 때로는 아파트보다 더 나은 삶을 실현할 수 있다는 것을 국가가 정책적으로 보장해야 한다.

다양한 삶의 형태가 존중받고, 사람의 삶이 공간에 의해 결정되지 않는 사회. 그것이 진정한 주거권이 보장된 사회다. 국가의 역할은 획일적인 주택공급이 아니라, 다양한 주거 형태 속에서도 모두가 존엄하고 편리하게 살아갈 수 있도록 만드는 공간의 조건을 조성하는 것이다.

7. 아파트를 닫힌 공간에서 열린 공간으로 바꿔야 한다

한국 사회에서 아파트는 단지 한 채의 주택이 아니라, 하나의 제도이자 문화이며, 나아가 위계와 분리의 상징이 되었다. 본래 주거는 개인의 삶터이면서도 동시에 이웃과 관계를 맺고 공동체를 구성하는 기반이어야 하지만, 지금의 아파트는 철조망과 담장으로 둘러싸여 외부인을 배제하고, 안과 밖을 나누는 폐쇄적 구조로 작동하고 있다. 이러한 '닫힌 아파트'는 도시의 일부이기를 거부하며, 공동체 회복의 가능성을 차단하고 있다.

아파트 단지 안의 공원, 피트니스 룸, 도서관, 커뮤니티센터, 어린이집, 노인정 등은 대개 단지 내 주민만을 위한 전용 공간으로 설계된다.* 지역 주민과의 공유보다는 아파트 주민들 간의 단일한 내부 공동체 형성에만 초점을 맞추고 있으며, 이는 결과적으로 아파트 외부에 사는 사람들에게는 소외와 열패감을 안겨 준다. 특히, 구축 아파트 주민이나 단독주택 거주민은 이러한 폐쇄적 신(新)주거 계급 질서 속에서 상대적 박탈감을 겪을 수밖에 없다.

게다가 아파트 브랜드가 주택 가격을 좌우하는 현실 속에서 건설사들은 분양가 상승을 위한 '차별화된 시설 경쟁'에 몰두하고 있다. 단지 내에 수영장, 인공폭포, 물놀이장, 캠핑장, 심지어 식당까지 만들며 고급화 전략을 구사한다. 하지만, 이들 시설은 시간이 지나면 안전 문제와 관리비 부담으로 인해 제대로 활용되지 못한 채, 무용지물로 전락하기 일쑤다. 결국 이러한 '보여 주기식 시설 경쟁'은 건설 원가를 상승시키고, 그 부담은 고스란히 분양가에 반영되어 소비자인 입주민에게 전가된다.

이러한 왜곡된 구조의 이면에는 공공투자를 회피하고 민간 개발에 의존하는 국토교통부의 정책 구조가 자리하고 있다. 정부는 개발 인허가권을 쥔 채로 민간사업자에게 기부채납을 요구하며, 꼬마 공원이

---

* 국토교통부의 「주택건설기준 등에 관한 규정」에 의하면 500세대 이상이면 경로당, 어린이놀이터, 어린이집, 주민운동시설, 작은도서관 등을 의무적으로 설치해야 한다. 그 미만이면 의무 시설이 줄어든다.

나 확장된 도로를 확보한다. 겉으로는 공공시설을 확보한 것처럼 보이지만, 실제로는 정부가 져야 할 책임을 민간에게 떠넘긴 셈이다. 이로 인해 아파트 부지는 줄어들고, 건물은 높아지고, 동과 동 사이의 간격은 좁아지며, 일조권 침해와 응달로 인한 겨울철 도로의 빙판화 같은 문제가 일상화된다. 민간사업자는 재개발을 통해 이윤을 내기 위해 이 구조를 받아들일 수밖에 없으며, 최종적인 비용은 결국 소비자, 즉 아파트 구매자가 부담하게 된다. 분양가는 상승하고, 한번 오른 분양가는 전국적인 현상으로 일반화된다.

이제는 발상의 전환이 필요하다. Fitness Room, Community Room, 어린이집, 노인정과 같은 시설은 아파트 주민만의 전용 공간이 아니라, 지역 주민과 함께 사용하는 공공시설로 운영되어야 한다. 이를 위해 정부는 직접 재정을 투자하고, 이러한 시설을 공공서비스 제공의 거점이자 지역 기반 일자리 창출의 장으로 활용해야 한다. 주차장 또한 마찬가지다. 단지 주민만을 위한 주차가 아니라, 인근 단독주택 거주자나 상가 이용객도 이용할 수 있도록 주차 공간을 넓게 확보하고, 합리적인 요금을 부과하여 운영하면 된다. 이는 도로에 무분별하게 주차선을 그어 놓고 요금을 부과하면서, 정작 소방차 통행은 어렵다고 불평하는 현재의 왜곡된 행정보다 훨씬 합리적인 방식이다.

아파트에 대한 인식부터 근본적으로 바뀌어야 한다. 아파트는 고립된 사적 공간이 아니라, 도시의 일부이자 지역사회의 일부로서 기능해야 한다. 그것은 단순한 개방의 문제가 아니라, 공동체와 공공성의 회복이라는 도시 철학의 문제다. 아파트가 스스로 담장을 넘어설 때, 그 속의 주민들도 비로소 이웃과 연결되고, 지역과 호흡하며, 도시 전체의 구성원으로 살아갈 수 있다. 이는 공간구조의 변화인 동시에, 주거에 대한 국가 정책의 철학적 전환이 필요한 지점이다.

8. 기부채납 방식의 개발에서 벗어나 정부가 공공서비스 시설을 만들어야 한다

그동안 한국의 공공시설 확충은 민간 개발자가 일정 부분을 '기부채납' 형태로 제공하고, 정부가 이를 인허가 조건으로 수용하는 방식으로 진행되어 왔다. 표면적으로는 정부가 예산을 들이지 않고 도로, 공원, 복지시설 등을 확보하는 효과적인 수단처럼 보일 수 있다. 그러나 이 방식은 본질적으로 정부가 공공투자의 책무를 회피하고, 공공서비스의 품질과 연계성을 시장에 위탁한 것에 지나지 않는다.

기부채납 방식은 필연적으로 '최소한의 의무 이행'이라는 논리로 귀결된다. 민간 개발자는 수익성을 최우선으로 고려하기에, 기부채납 시설은 대개 활용도가 낮고, 부지 여건이 좋지 않거나, 규모가 축소된 채 공급되기 일쑤다. 정부는 이러한 형식적 공공성에 만족하며 정책 성과를 포장하고, 지역사회는 실질적인 공공서비스의 혜택에서 배제된다. 이처럼 지역 주민과의 연계성이 없는 공공시설은 이용률이 낮고, 결국 방치되거나 유명무실한 존재가 된다.

공공서비스란 단지 '있는 것'이 아니라 '제대로 작동하는 것'이어야 한다. 학교, 도서관, 복지관, 문화센터는 단순한 물리적 공간이 아니라, 도시 공동체의 기능을 유지하고 사람들의 삶의 질을 끌어올리는 핵심 기반 인프라이다. 따라서 이 시설들은 정부가 직접 기획하고, 투자하고, 운영해야 할 공공의 책임 영역이다. '기부채납을 통한 개발 유도'는 시장 편의적 사고에 불과하며, 공공성 확보의 실질적 수단이 될 수 없다.

정부는 단순한 허가권자(Regulator)에서 머무르지 말고, 도시와 공동체를 설계하고 뒷받침하는 투자자(Investor)이자 공급자(Provider)로의 역할로 전환해야 한다. 그것이 국가의 존재 이유이며, 주거권 보장의 출발점이다. 공공시설을 민간 개발의 부수물로 취급하는 한, 도시 공간은 결코 공동체의 삶터가 될 수 없다.

이와 같은 정책 전환은 공공서비스와 관련된 우선순위 재조정으로도 이어져야 한다. 예를 들어, 지금 정치권은 지상 전철을 지하화하는 데 막대한 예산을 투입하겠다고 한다. 그러나 이는 안전, 유지관리, 생태적 리스크 등에서 검토될 사항들이 무척 많다. 쉽게 결정할 사안이 아니다. 반면, 지역 주민들이 실질적으로 체감할 수 있는 삶의 공간, 예컨대 작은도서관, 공공 돌봄시설, 마을공방, 야외광장, 산책로 등은 여전히 재정 여력이 없다는 이유로 외면당하거나 극히 일부만이 지어지고 있다.

실제로 많은 지자체는 인근 야산에 덱길이나 숲길을 만들어 산책과 여가의 공간으로 제공함으로써, 지역 주민들의 삶의 만족도와 공동체적 소속감을 높이고 있다. 이처럼 거창한 구조물이 아니라 작고 일상적인 공공시설이야말로 삶의 질을 바꾸는 핵심 요소임을 잊어서는 안 된다. 사람들은 대형 토목사업보다도, 일상 속에서 마주하는 공공공간의 존재에서 도시의 품격을 느끼고, 자신이 존중받는 시민이라는 감각을 갖는다.

이제는 공공투자의 방향이 근본적으로 바뀌어야 한다. 시민이 원하는 것은 또 하나의 교각이나 초고층이 아니라, 서로의 얼굴을 볼 수 있는 공간, 아이들과 노인이 함께 머무를 수 있는 장소, 걸을 수 있고, 쉴 수 있고, 참여할 수 있는 마을 속 공공생활이다. 이것이야말로 주거권이 단순한 거주의 보장을 넘어, 삶의 질을 설계하는 개념임을 보여 주는 실천적 과제다.

제4장

선진국 수준의 근로권 보장

　　　　　　노동은 단지 생계 수단이 아니라, 삶의 자리를 구성하는 행위다. 어떤 조건에서 일하는가, 그것이 사람의 자존감과 일상의 질, 미래의 가능성을 좌우한다. 그래서 근로권은 헌법이 보장하는 권리이자, 인간 존엄을 지탱하는 사회적 토대다.

　그러나 지금 한국 사회에서 근로권은 실질적으로 보장되고 있는가? 겉으로는 완전고용과 헌법상의 권리가 주어져 있는 듯 보이지만, 그 내면을 들여다보면 불안정한 고용, 과도한 장시간 노동, 낮은 임금, 형식적 휴가, 고립된 자영업자와 플랫폼 노동자가 존재한다. 문제는 이 상황이 단순히 정책 미비가 아니라, 우리 사회가 근로권을 어떻게 바라보고 있는지와 관련된 인식의 문제라는 점이다.

오늘날 한국은 OECD 국가 중에서도 실질 노동시간이 가장 긴 나라 중의 하나이며,* 연차휴가 일수는 EU 국가 평균보다 적고(보통 최소 4주 20일), 그마저도 사용률이 낮다. 대체휴일이나 임시공휴일을 '선물'처럼 부여하면서 근로자의 삶에 예측 불가능성과 행정적 간섭을 반복적으로 유발하는 구조는 후진적 행정국가의 흔적이다. 문제는 휴식이 '선의'가 아닌 '권리'여야 한다는 인식의 부재이다.

또한, 근로조건이 개선되기 위해선 집단교섭만으로는 한계가 있다. 지금까지는 개별 근로조건이 열악하다는 전제에서 단체교섭과 단체협약을 통해 노동조합이 이를 보완하는 방식으로 움직여 왔다. 그러나 이제는 개별 근로조건의 최소 기준 자체를 사회가 정의하고 설정해야 한다. 그 기반 위에서야 노조도 단순 임금 투쟁이 아닌, 능력개발과 직무 전문성 강화를 위한 파트너로 거듭날 수 있다.

'괜찮은 일'이란 무엇인가? 이는 단지 고용의 지속성이나 임금 수준만이 아니라, 시간에 대한 예측 가능성, 적절한 휴식, 직무의 명확성, 공정한 보상, 경력 설계의 가능성을 포함한다. 이런 기준이 명확해질 때, 자격 제도도 신호(Signaling)와 선별(Selection)의 기능을 회복하게 되고, 전공 중심 교육의 실효성도 확보된다.

---

* OECD 회원국의 2021년 자료를 토대로 한국보건사회연구원(2023)이 분석한 자료에 의하면, 우리나라는 연간 근로시간이 1,915시간으로, 조사 대상 국가 중 1위였다. 31개국의 평균 연간 근로시간은 1,601시간이었다. OECD 회원국의 25~54세 전일제 근로자의 일주일 노동시간의 평균은 41시간이었고, 우리나라는 43.8시간으로 가장 길었다. 주당 근무시간이 48시간을 초과하는 장시간 근로자 비율 역시 18.9%로 평균 7.4%를 넘고 있다.

지금처럼 직무 없이 사람만 이동하는 순환보직의 시대, 경력 없이 나이만 올라가는 연공서열의 시대를 넘어서야 한다. 직무 중심 사고가 정착될 때, 인사관리, 교육과 자격, 나아가 노동시장의 구조 전반이 재(再)정렬될 것이다.

그렇다고 해서 국가가 모든 기준을 일률적으로 정하는 것도 바람직하지 않다. 최저임금의 급격한 상향처럼, 취지는 좋더라도 지역, 업종, 규모를 고려하지 않은 일률적 적용은 오히려 노동시장 왜곡과 고용기회 위축이라는 결과로 이어질 수 있다. 법과 제도는 보편성을 갖되, 적용은 정합적이어야 한다.

결국, 우리는 선진국 수준의 근로권 보장을 위해 새로운 기준선, 즉 '기초적이지만 확실한 근로조건'의 사회적 합의부터 시작해야 한다. 이러한 기준은 '공짜 복지'가 아닌, 삶을 설계할 수 있는 자유를 보장하는 토대이자, 성장과 혁신을 가능하게 하는 조건이다.

1. 근로권의 출발은 직무 중심 사고이다

선진국형 노동시장의 출발점은 '직무 중심 사고'에 있다. 어떤 사람을 채용할 것인지, 얼마만큼의 보상을 제공할 것인지, 승진과 퇴직의 기준은 무엇이어야 하는지, 이 모든 판단은 직무의 성격과 수행 능력에 기반을 두어야 한다. 그러나 한국의 노동시장은 여전히 나이, 성별, 학력 등 직무 외적 요인에 따라 평가와 보상이 이루어지는 구조에서 벗어나지 못하고 있다. 이러한 구조는 단지 고용의 공정성을 해치는 데 그치지 않고, 교육시장과 자격시장 전체에 왜곡된 압력을 가함으로써 사회적 낭비를 초래하고 노동의 질적 발전을 가로막고 있다.

노동시장이 직무 중심으로 작동하지 않으면, 교육시장에서 자격의 신호 기능(Signaling)과 선별 기능(Selection)도 함께 왜곡된다. 기업이 직무능력보다 학벌이나 특정 학교 출신을 더 신뢰하는 이유는, 노동시장에서 직무정보의 부족과 신뢰 가능한 평가체계의 부재 때문이다. 그 결과, 취업 희망자들은 실제 능력과 경험을 개발하기보다는, 직무와 무관한 스펙 경쟁에 내몰리고 있다. 이른바 '스펙 고문'이 그 상징이다.

정부나 공공기관의 공채 제도, 그리고 대기업에서 활용되어 온 전공 불문 채용은 겉보기엔 공정해 보이지만, 실제로는 전공 교육을 형해화(形骸化)시키고 자격 제도를 형식화시켰다. 학생들은 '전공 따로, 취업 따로'의 전략을 추구하게 되고, 서류 전형 통과를 위해 직무와 무관한 각종 자격증, 외국어 점수, 인턴 이력을 쌓는 데 열중하게 된다. 이는 대학생의 사교육비를 유발하고, 정해진 시간 내에 졸업하지 않고 졸업을 유예하는 현상의 원인이 되기도 한다.

학력 중심 사고의 폐해는 특히 뿌리 깊다. 학력이 개인의 자격을 상징하는 '신분증'처럼 작동하며, 실제 직무능력이나 책임과는 관계없이 임금, 승진, 조직 내 위계 형성의 기준이 되고 있다. 고졸자와 대졸자가 동일한 업무를 수행하고 있음에도, 학력 차이를 이유로 임금이 차등 지급되는 현실은 명백히 불합리하다. 이는 직무 중심 노동 질서와 정면으로 배치되는 구조적 차별이다.

필자가 정부에서 고졸 취업 업무를 담당하며 뼈저리게 확인했던 부분도 이와 맥을 같이 한다. IMF 이후 금융권 전체가 대졸 중심으로 재편되었고, 은행 창구직도 대졸자가 수행할 수 있는 일이 되었다. 그 와중에 고졸자가 다시 은행 창구 업무를 맡게 되었을 때, 고졸자를 위해 인사 규범을 새로 만들어야 하는 실무자들이 겪는 현실적 어려움은 상당했다. 그럼에도 불구하고 해당 직무에 적합한 고졸자의 취업을 위해 애써 주었던 은행 및 금융권 인사 담당자들이 용기 있는 선택을 했다. 물론 학력에 따른 임금 차별은 해소하지는 못했다.

물론 고등 학력이 직무 수행의 필요조건이 되는 경우도 있다. 대학교수, 의사, 교사와 같이 특정 수준의 학문적 준비가 직무의 기본 전제인 경우, 학력은 정당한 기준이 될 수 있다. 그러나 그조차도 학력이 '충분조건'이 아니라 '직무와의 연관성 속에서의 필요조건'임을 분명히 해야 한다. 학력은 스스로 자격이 될 수 없고, 직무 요구사항의 한 부분으로만 기능해야 한다.

궁극적으로, 자격제도가 직무능력 검증 도구로 기능하지 못할 때 교육은 목적을 상실하고, 경쟁은 불필요한 소모전이 되며, 사회 전체의 학습자원은 낭비된다. 따라서 직무 중심 인사관리는 단지 인사행정의 개편을 넘어서, 교육시장 정상화와 자격제도 개혁의 전제 조건이 된다.

고졸과 대졸이 동일한 일을 수행함에도 학력만으로 임금이 차등 지급되는 현실은 명백한 직무 외적 차별이며, 선진국형 노동시장으로 이행하는 데 구조적인 걸림돌이다. 이제는 직무에 필요한 능력, 경험, 태도가 채용, 보상, 승진의 핵심 기준이 되어야 한다. 이것이야말로 근로권 보장의 출발이자, 과잉교육을 줄이며, 교육과 고용, 자격이 서로 정합적으로 연결되는 사회를 만드는 첫걸음이다.

2. 근로권의 보장은 사람 존중 사고이다

근로권은 헌법이 보장하는 기본권이자, 인간 존엄을 실현하는 핵심적 사회권이다. 단순히 '일할 기회를 제공하는 것'에 그치는 것이 아니라, 그 사람의 노동이 어떤 방식으로, 어떤 관계 속에서 수행되는지를 보여 주는 사회적 척도이기도 하다. 근로권이 존중되는 사회는 사람을 수단이 아닌 목적으로 대우하며, 노동자를 한 명의 시민으로서 존엄하게 대하는 것이다.

그러나 오늘날의 노동시장은 여전히 사람을 기능적 자원이나 조직 운영의 비용 항목처럼 취급하는 구조를 벗어나지 못하고 있다. 특히

'인턴'이라는 이름 아래 청년들에게 저임금 또는 무급에 가까운 노동을 강요하고, 정식 채용과는 무관한 반복적 단기고용을 전제로 한 구조는 노동의 존엄성을 심각하게 훼손한다. 인턴십을 정규직 전환과 연결하지 않으면서도, 인력 충원 수단으로 활용하는 방식은 본질적으로 사람을 대체 가능한 수단으로 취급하는 사고방식에서 비롯된다.

이러한 문제는 사기업에 국한되지 않는다. 모범적 고용주여야 할 공공기관에서도 유사한 행태가 광범위하게 발생하고 있다. 각종 사업 예산에 따라 청년들이 1~2년 단기로 고용되었다가 계약이 해지되는 경우가 비일비재하며, 상시 업무임에도 불구하고 무기계약직 전환을 회피하는 편법적 채용이 조직적으로 이루어지는 실정이다. 공공이 앞장서서 인력의 안정성과 예측 가능성을 제공하지 않는 한, 사람을 존중하는 노동시장으로의 전환은 요원하다.

진정한 의미의 사람 존중은 단지 '임금을 주었느냐'로 판단되는 것이 아니다. 그 노동이 얼마나 존엄하게 다루어졌는가, 얼마만큼의 성장과 경력 기회를 제공했는가, 그리고 고용관계의 지속 가능성이 보장되었는가가 판단 기준이 되어야 한다. 다시 말해 근로권은 '일하는 권리'만이 아니라, 존엄한 인간으로 일할 수 있는 권리이며, 노동자가 시장에서 온전한 시민으로 기능하기 위한 조건이다.

물론 경영의 유연성도 중요한 가치다. 기업과 조직은 외부 환경 변화나 기술적 전환에 따라 인력을 재구성할 필요가 있으며, 이는 정당한 고용조정의 사유가 될 수 있다. 그러나 이러한 유연성은 합당한 사유와 정당한 절차에 의해 이루어질 때만 정당성을 갖는다. 무차별적인 계약 해지, '돌려막기식' 단기계약, 예산 종료에 따른 자동 계약만료, 인턴제도의 남용 등은 경영 합리화가 아니라 사회적 책임의 회피이며, 노동자의 삶을 조직적 위험에 방치하는 행위이다.

특히 최근 확산되는 플랫폼 노동, 프리랜서 계약, 파견, 용역 등 다양한 비정형 노동 형태는 근로기준법의 사각지대를 만들고 있으며, 사용자 책임 회피의 도구로 악용되는 경우도 많다. 이제는 근본적인 질문을 던질 때다. '이러한 고용 형태들이 과연 사람을 존중하고 있는가?' 노동의 유연성이라는 이름 아래 인간 존엄이 침해되고 있다면, 그것은 제도의 실패이자 윤리적 퇴보이다.

사람을 존중하는 근로권의 실현 없이는 어떤 제도 개혁도 공허한 껍데기에 불과하다. 근로권은 헌법적 권리일 뿐 아니라, 인간 존엄을 제도화하는 사회적 약속이며, 그 실현을 위해서는 새로운 사회 규범과 법적 기준, 그리고 조직의 문화 전환이 함께 구축되어야 한다. 노동자는 단지 노동하는 존재가 아니라, 일을 통해 자신을 실현하는 존재이다. 그렇기에 사람을 존중하지 않는 노동시장에서의 근로권은 결코 보장될 수가 없다.

3. 근로계약은 공정해야 하며, 경제외적 강제가 제거되어야 한다

노동시장은 기본적으로 '계약'이라는 제도적 장치 위에서 작동한다. 사용자는 노동을 제공받고, 근로자는 보상과 안정된 관계를 얻는다. 이 과정은 자율적 합의와 균형적 권리·의무를 전제로 하는 '공정한 계약'이어야 한다. 그러나 현실에서의 근로계약은 형식적으로만 자율적일 뿐, 실질적으로는 불균형과 강제에 기초한 경우가 많다.

계약 체결 이전부터 공정성은 위협받고 있다. 경제적 생존이 걸린 청년, 여성, 저소득층은 계약에 선택의 여지가 거의 없는 상태에서 노동시장에 진입한다. 생계를 위해, 졸업과 동시에 경제적 독립을 위해, 누군가의 기대에 부응하기 위해 선택 아닌 선택을 해야 하는 이들에게 계약은 협상이 아니라 '타협' 또는 사실상의 '굴복'이 된다. 경제가 팽창하여 일자리가 넘치는 상황이라면 계약의 자유가 실질화될 수 있지만, 현재처럼 고용 불안정과 저성장, 기업의 비정규직 확대가 심화되는 조건에서는 계약의 자발성은 허상에 가깝다.

계약이 체결된 이후에도 경제 외적 강제는 노동자를 지속적으로 억압한다. 명시되지 않은 행위, 상사의 자녀 결혼식 참석, 이삿날 짐 나르기, 야간 회식 동행, 심지어 사적 모임 참여까지, 각종 행위가 일종의 의무처럼 요구되며, 이에 불응할 경우 조직 내 평가·인사에 불이익이 따를 수 있다는 암묵적 위협이 존재한다. 이는 근로자가 계약의 주체로 기능하는 것이 아니라, 조직 내 위계적 문화 속에서 '신분적 위치'로 환원되고 있음을 보여 주는 명백한 증거이다.

또한, 계약의 내용을 설정하는 권력 자체가 사용자에게 집중되어 있어, 노동자는 불리한 조건을 거부하거나 수정 요청할 실질적 권한이 없다. 특히 여성, 장애인, 고령자 등 사회적 약자 계층일수록 계약 조건 협상이 사실상 불가능하며, 일부 플랫폼 노동자나 프리랜서의 경우 계약조차 없이 업무를 수행하는 구조적 사각지대에 놓이게 된다.

이처럼 공정하지 않은 계약은 단지 개별 노동자에 대한 착취를 넘어서, 계약이라는 제도 자체에 대한 사회적 신뢰를 약화시킨다. 직무의 경계는 모호해지고, 일상은 노동에 잠식되며, 조직은 개인의 삶을 조절하는 위계 구조로 굳어진다. 계약이란 본래 '권리와 의무의 균형 있는 약속'이어야 하지만, 지금의 현실에서는 '예속의 확인서'로 전락해 버린 셈이다. 근로계약의 공정성은 계약서 한 장으로 해결되지 않는다. 계약 전 단계에서의 노동자 보호 시스템이 강화되어야 하고, 계약 이후에는 권리 침해 방지 조치가 요구되며, 불공정 계약의 근원인 조직문화도 개혁되어야 한다. 예를 들면, '회사는 가족이다'라는 전근대적 가치 대신, 수평적 책임과 권리의 원칙이 작동하는 학습 조직으로 전환되어야 한다.

공정한 계약은 노동시장의 신뢰를 구축하는 기반이며, 지속 가능한 고용과 사회 통합을 위한 제도적 토대이다. 사용자와 근로자가 모두

보호받기 위해서는 일방의 희생이 아니라, 수평적 관계 속에서의 협의가 필요하다. 계약의 형식적 공정성에서 나아가, 실질적 공정성과 존엄의 회복으로 나아가야 한다. 이것이야말로 선진국형 노동시장의 핵심이며, 건강한 고용사회의 기반이다.

4. 근로자의 생명권은 최우선의 가치이다

노동의 세계에서 가장 근본적이고 불가침적인 권리는 생명권이다. 생명은 단 한 번뿐이며, 그 어떤 경제적 보상도 이를 대체하거나 정당화할 수 없다. 노동자는 단지 생산의 수단이 아니라, 자신의 생명과 안전을 지키며 일할 수 있어야 하는 존재로 존중받아야 한다. 그러나 현실의 노동현장은 여전히 그 기본적 권리를 충분히 보장하지 못하고 있다.

건설현장, 공장, 물류창고, 배달노동 등과 같이 물리적 위험에 상시 노출된 직종에서는 산업재해가 반복되고 있으며, 많은 경우 사고는 '예상치 못한 불운'이 아니라, 충분히 예방 가능했지만 구조적 방치의 결과로 발생한다. 기본적인 안전교육의 부족, 필수 설비의 부재, 과도한 업무 강도, 현장의 무관심, 작업지시의 불명확성 등은 결국 '사고가 일어날 수밖에 없는 현장'을 만들어 낸다.

그럼에도 우리 사회는 오랫동안 산업재해를 '어쩔 수 없는 일'로 취급해 왔고, 안전을 비용으로 간주하는 인식은 기업과 노동자 모두에게 만연해 있다. 특히 「중대재해처벌법」의 도입 이후, 산업안전에 대한 기업의 대응이 실질적 예방보다는 형식적 방어 전략으로 전환되고 있다는 점은 심각한 우려를 낳는다. 많은 사업장은 감독 대응용 서류 작성에 집중하고, 안전관리계획서·점검표·교육이수대장은 '책임 회피용 증거서류'로 변질되고 있다. 제도는 강화되었지만, 문화와 인식, 관행은 여전히 과거에 머물러 있다.

이제는 산업안전을 위한 지출을 '비용'이 아닌 '의무'이자 '투자'로 인식해야 한다. 그리고 이는 단지 사업주의 책임만으로 규정해서는 안 된다. 근로자 역시 스스로의 안전을 적극적으로 인식하고, 위험을 회피하고 보고하는 행동을 일상화해야 한다. 산업안전은 개인 책임이 아니라, 현장 구성원 전체의 공동 책임으로서 다뤄져야 하며, 선진국의 노동현장은 이미 이를 법·윤리·경영의 통합 과제로 수용하고 있다.

제도적 강화는 필수지만, 그보다 더 중요한 것은 의식의 내면화와 문화의 정착이다. 안전은 '정부가 시키니까', '감독관이 오니까' 하는 외적 동기에 의해 작동할 수 없다. "안전은 규제가 아니라 생존의 기반"이라는 인식이 모든 현장 구성원에게 공유되어야 하며, ⅰ) 철저한 사전 안전교육과 반복 훈련, ⅱ) 위험 예보 및 자율 보고 시스템 구축, ⅲ) 안전 행동과 예방 활동을 조직의 핵심 성과지표(KPI)로 반영, 그리고 ⅳ) 사고 발생 이후가 아니라 '발생 전'을 중심에 둔 예방적 조직문화가 만들어져야 한다. 특히, 학교 교육에서부터 안전교육은 필수여야 한다. 안전교육을 이수하지 않으면 일을 할 수 없도록 해야 한다.

무엇보다 중요한 것은 안전이 '윤리의 문제'로 인식되는 사회적 전환이다. 법률로만은 생명을 지킬 수 없다. 필요하지만 충분하지 않다. 산업안전은 노동현장을 구성하는 수많은 주체들의 일상적 실천과 상호작용 속에서 형성되는 사회적 규범이자 집단적 합의이다. 근로자의 생명권 보장은 단순한 안전 규정 준수 이상의 과제이며, 그것은 조직의 책임성과 사회의 신뢰를 회복하는 출발점이기도 하다. 이 권리가 보장되지 않는 노동은 아무리 높은 임금을 받는다 해도 결코 정당화 될 수 없다. 생명권은 모든 노동권의 전제이며, 선진국형 노동질서의 핵심 기둥이다.

5. 직무능력을 개발한 이후에 직무에 종사할 수 있어야 한다

현대의 거의 모든 직무는 일정 수준 이상의 지식, 기술, 그리고 책임감을 필요로 한다. 노동자는 단지 노동력을 제공하는 존재가 아니라, 특정 직무를 수행할 수 있는 역량을 갖춘 전문적 주체로 대우받아야 하며, 이를 전제로 한 직무자격 기반 고용 구조는 선진국형 노동질서의 기본 전제이다.

그러나 우리 사회는 여전히 '일하면서 배우면 된다'라는 관행에서 벗어나지 못하고 있다. 특히 노무직(Manual Work, Trade Job) 분야에서는 입직(入職) 전 훈련이나 검증 없이 현장에 바로 투입되는 일이 관행처럼 받아들여진다. 이 과정은 자격과 훈련을 형식화시키고, 위험을 일상화하며, 직업에 대한 자긍심을 훼손하는 결과로 이어진다. 특히 외국인 노동자의 경우, 언어소통은 물론 기본 작업지식조차 확보되지 않은 채 투입되는 일이 비일비재하다. 이는 본인뿐 아니라 동료의 안전마저 위협하는 구조적 위험이다. 작업장의 안전과 산출물의 안전도 위협하게 된다. 이는 더 나아가 인권(人權)의 문제이기도 하다.

문제는 단지 '준비되지 않은 노동자'만이 아니다. 사업장 자체가 자격 없는 인력을 불법적으로, 혹은 무심코 고용하는 구조를 일반화하고 있다는 점이다. 건설현장에서 기본적인 공정도 숙지하지 못한 채 투입된 인력이 사고를 유발하는 사례는 매년 반복되고 있으며, 이는 단지 한 사람의 문제가 아니라 제도와 문화의 실패인 것이다. 건축물의 부실을 낳고, 나중에는 사회적 부실을 만들어 낼 것이다.

이러한 문제는 한국의 직업교육훈련 시스템이나 인력 양성 시스템이 자격의 취득과 사용 사이의 단절을 방치해 온 결과이기도 하다. 수많은 전문자격과 기술자격이 존재하지만, 이 자격들이 실제 고용과 연계되지 못하고, '일단 따놓고 보자'는 심리 속에서 '장롱자격'으로 방치되는 일이 비일비재하다. 자격은 미래의 보험처럼 기능하지만, 언제, 어디서, 어떤 직무에 사용될 수 있는지에 대한 정보와 기회가 부재한 상황에서는 실질적 역량으로 전환되지 못한다. 실무능력이 아닌 객관식 시험과 주관식 시험으로 직무 역량이 평가되는 어처구니없는 일이 변하지 않고 있다.

이와 달리, 선진국에서는 직무 기반 자격제도가 산업별 훈련체계 및 채용체계와 유기적으로 연계되어 있다. 도제제도(Apprenticeship), 직업학교와 현장훈련 연계 등은 단순한 기술 습득이 아닌 '직무자격 확보 → 작업 투입 → 숙련도 향상'이라는 일관된 경로를 형성한다. 반면 우리나라는 조선시대 문하생 제도의 잔재처럼 '어깨너머 견습'이 여전히 통용되고, 이는 결국 노동의 전문성 저하, 안전 저해, 청년층의 직업기피로 연결되게 된다.

따라서 이제는 '자격 있는 자에게 일할 기회를 부여한다'라는 원칙이 분명하게 확립되어야 한다. 이를 위해서는 ⅰ) 직무별 최소 자격요건의 제도화 및 법제화, ⅱ) 고용 전 자격 검증 시스템의 확립과 고용 후 훈련 지원 시스템의 이원화, ⅲ) 산업계-교육훈련기관-정부 간 연계체계의 강화, 그리고 ⅳ) 자격정보 플랫폼, 직무명세서·직무기술서 공개 확대 등이다.

직무자격 기반 고용은 단순한 규제가 아니라, 노동의 질을 제고하고 사회 전체 생산성과 안전을 높이는 공공 인프라이다. 규제완화로 해결될 성질이 아니다. 특히 고위험 직종일수록 사전 자격확보는 생명을 보호하기 위한 최소한의 안전망이다. 지금처럼 '누구나 일할 수 있는' 구조는 언뜻 보면 규제가 없는 공정한 노동시장처럼 보이지만, 결국 아무도 책임지지 않는 노동시장을 만들게 된다. 안전은 생명이고, 생명을 위해서는 적정 규제는 필요한 것이다.

　더 나아가 직무자격 기반 고용은 생애학습체계와 학습사회 건설의 실천적 기반이기도 하다. 자격이 고용과 연결되고, 고용이 직무의 질로 이어지는 구조에서만, 교육과 훈련이 실효성을 갖는다. 노동은 훈련의 목적지가 되고, 자격은 생애 경력의 디딤돌이 된다. 이것이야말로 노동 존중 사회로 나아가는 실천적 해답인 것이다.

6. 임금은 직무와 성과 중심이어야 하며, 연공서열식 임금 제도에서 벗어나야 한다

　임금은 단지 생계를 유지하기 위한 수단이 아니라, 노동의 가치를 사회가 인정하는 방식이자, 조직 내 정의와 신뢰의 척도이다. 동시에 구성원의 동기와 조직의 역동성을 결정짓는 핵심 요소이기도 하다. 그러나 우리 사회의 임금체계는 여전히 연공급, 생활급, 학력급 중심의 낡은 틀에서 벗어나지 못하고 있다.

　나이와 근속연수에 따라 임금이 자동으로 상승하는 구조는, 직무의 성격이나 성과와는 무관하게 보상이 결정되는 비효율적이고 불공정한 시스템이다. 산업화 초기에는 근속 연수가 숙련의 지표였고, 조직 충성도가 경제성장의 원동력이라는 믿음이 작동했지만, 오늘날처럼 직무가 고도화·다양화되고, 노동이 유연화된 시대에는 더 이상 타당한 기준이 아니다.

연공서열 중심 임금체계는 조직 내 공정성과 신뢰를 무너뜨리며, 유연한 인력 운용을 가로막는 원인이 된다. 고연차 인력이 자동적으로 높은 임금을 받는 구조는 사용자로 하여금 비정규직 활용이나 조기 퇴직 유도를 선택하게 만든다. 결국 정규직의 안정성과 고용의 연속성은 약화된다. 또한, 청년층 채용을 압박하고 세대 간 갈등을 부추긴다. 기존 인건비 부담으로 인해 신규 채용 여력이 줄어들고, 상대적 박탈감을 체감한 청년층은 조직에 대한 신뢰를 잃게 된다.

이제는 임금을 직무의 가치와 성과에 따라 결정하는 시스템으로 전환해야 한다. 이를 위해서는 먼저 직무의 체계적 정립이 필수적이다. 직무기술서(Job Description), 직무명세서(Job Specification)를 모든 일자리에 적용하는 구조가 갖춰져야 하며, 공무원 조직의 계급제와 순환보직 체계도 이와 충돌하지 않도록 재설계되어야 한다. 아니 직무 중심, 전문가 중심으로 개편되어야 한다.

직무의 정의는 단지 인사관리의 도구가 아니라, 조직 내 지식의 축적과 전수, 학습 조직으로의 진화 기반이 된다. 특히 반복노동, 정책 기획, 국제 업무 등에서 암묵지(Tacit Knowledge)에만 의존하는 시스템은 지속 가능하지 않다. 문서화된 직무 체계는 암묵지를 형식지(Explicit Knowledge)로 바꾸고, 그 지식이 사람이 아닌 조직에 귀속되도록 만든다. 수많은 공무원들이 해외 연수와 국제기구 근무 경험을 쌓고도 조직에 남긴 기록이 없다면, 그것은 세금 낭비일 뿐만 아니라 지식의 유실이다. 개인적 보상일 수 있지만, 국가와 조직 차원에서는 세금의 낭비인 것이다.

직무 중심 체계가 정착되면, 직무급제(Job-based Pay), 역량급제(Competency-based Pay), 성과급제(Performance-based Pay) 등 다양한 임금체계가 가능해진다.

공공부문은 특히 직무 중심 임금체계로의 전환에서 상징적 선도자 역할을 수행해야 한다. 공공기관이 먼저 직무기반 인사체계를 정립하고, 이를 민간 영역으로 확산시켜야 한다. 직무의 내용이 없는 보직, 명확한 목표 없이 순환되는 조직 운영, 성과 없는 승진은 국민의 신뢰를 저버리는 행정이며, 세금의 낭비이다.

임금체계 개편은 단지 임금을 어떻게 나누느냐의 문제가 아니다. 그것은 노동을 어떤 철학으로 바라보는가, 사람을 어떻게 대우하는 사회인가에 대한 근본적인 질문이다. '시간'과 '연차'가 아니라, '일'과 '가치'를 중심으로 보상이 이루어질 때, 노동은 존중받고, 조직은 살아 움직이며, 사회는 지속 가능해진다. 이것이야말로 선진국형 노동시장으로 가는 첫걸음이며, 정의로운 사회를 위한 실천의 출발점이다.

7. 대기업과 공공기관의 임금 격차는 사회적 조정을 통해 축소되어야 한다

우리 사회의 노동시장은 기업 규모와 법적 지위에 따라 지나치게 큰 임금 격차와 고용 안정성의 차이를 보여 준다. 대기업과 공공기관에 종사하는 근로자들은 상대적으로 높은 보상, 안정된 고용, 넓은 복지 혜택을 누리는 반면, 중소기업, 중견기업, 자영업 노동자들은 동일한 시간과 노력에도 불구하고 낮은 보상과 불안정한 조건에 놓여 있다. 이 같은 구조는 단지 개인 간 격차를 넘어, 노동시장 전체의 공정성과 신뢰를 훼손한다.

특히 청년층의 경우, 이러한 격차 구조에 민감하게 반응하면서 공공기관이나 대기업만을 목표로 하는 '안정 중심의 몰입 경쟁'이 벌어지고, 이는 직업 선택 기준의 왜곡과 공공부문의 신뢰 약화를 불러온다. 공공조직이 공공성보다 개인 안정의 수단으로 전락하는 아이러니는 바로 이 구조적 격차에서 기인한다.

물론 기업 간 생산성과 수익률, 책임 범위에 따라 일정 수준의 임금 격차가 존재하는 것은 불가피하다. 하지만 오늘날 우리가 마주한 격차는 성과 차이를 넘어선 구조적 불균형과 불공정한 권력 구조에서 비롯되는 경우가 많다. 특히 대기업이 하도급·외주구조를 통해 원가를 절감하면서 이윤을 확보하고, 이를 바탕으로 높은 임금과 복지를 정당화하는 방식은 그 자체로 사회적 정의의 문제를 내포한다.

더 나아가 공공기관은 원래 공공성을 기반으로 작동해야 하지만, 때로는 민간보다 높은 임금과 과도한 복지체계로 인해 비판의 대상이 되고 있다. 이는 시민들에게 '공공은 공공을 위한 것이 아니라 내부 종사자를 위한 것'이라는 신뢰 붕괴와 인식의 전환을 야기하며, 노동시장 내 구조적 불균형을 심화시키는 요인으로 작용한다.

이러한 격차는 단순한 시장 논리만으로는 조정이 어렵다. 정책적 개입과 사회적 조정 장치가 병행되어야 한다. 특히 노사정 간 협의를 통한 사회적 대타협 기제가 작동해야 하지만, 현재 한국의 노사정위원회는 제 기능을 하지 못하고 있다. 중요한 이유 중 하나는 노동조합의 조직 기반이 대기업과 공공부문에 편중되어 있다는 점이다. 이들은 자신들의 기득권을 포기하거나 양보하는 방식의 합의에 소극적일 수밖에 없다.

반면 유럽의 여러 국가들은 이러한 임금 격차 구조에 대해 명확한 제도적 대응을 통해 수평적 노동시장 질서를 유지하고 있다. 스웨덴, 덴마크, 독일 등은 개별 기업이 아니라 산업별 수준에서 임금 교섭이 이루어지도록 하는 집단교섭 체계를 제도화해 왔다. 이를 통해 특정 기업만이 고임금·고복지 구조를 형성하는 것을 방지하고, 전체 산업 간 균형 있는 성장과 고용의 안정성을 유지하고 있다.

이러한 구조의 이면에는 산업별 협회, 업종별 단체, 직능단체 등 중간 조직이 실질적 기능을 수행할 수 있도록 하는 법적·정책적 기반이 존재한다. 즉, 국가가 모든 노동시장 조정을 주도하지 않아도 되는 자율조정의 토대가 형성되어 있는 것이다. 반면 우리나라는 정부의 직접 개입 비중이 높고, 산업·직능 단위의 자율조정 능력은 미약하다. 이로 인해 갈등은 사후적·법적 해결에 의존하고, 구조적 격차는 점점 고착화된다.

따라서 이제 임금 격차 문제는 단지 대기업과 공공기관의 자제력에 기대는 수준을 넘어서야 한다. 노사정 거버넌스 개편, 중간 조직의 활성화, 노동조합의 집단교섭 방식에 대한 혁신이 필요하다. 다시 말해 임금의 기준이 '어디서 일하느냐'가 아니라, '어떻게 상생하며 일할 것인가'로 전환되어야 하며, 대기업-중소기업 간 협력과 사회적 연대의 틀 속에서 조정되어야 한다.

임금 격차를 둘러싼 불균형은 단지 경제 문제만이 아니라, 세대 갈등, 사회 갈등, 공공 불신의 뿌리이기도 하다. 조정되지 않은 격차는 양극화로, 양극화는 불신으로, 불신은 체제 위기로 이어진다. 지금이야말로 임금의 공정성과 분배의 사회적 합의라는 과제를 정면에서 직시해야 할 때다.

8. '동일가치, 동일보수'는 원칙이자 인권의 문제이다

동일한 가치의 일을 하면서도 임금과 처우가 다르다는 것은 단순한 정책적 결함이 아니다. 그것은 곧 노동권과 인권의 침해이며, 현대사회의 기본적 정의에 대한 심각한 도전이다. 특히 하나의 사업장 내에서 동일한 직무를 수행하는 정규직과 비정규직, 원청과 하청, 직접고용과 간접고용 근로자가 서로 다른 대우를 받는 구조는 한국 사회의 대표적인 구조적 불공정으로 자리 잡고 있다.

'동일 가치 동일 보상'은 더 이상 도덕적 요청이나 선언적 구호에 머물 수 없다. 이미 다수의 선진국은 이를 노동법의 기본 원칙으로 정립하고 있으며, ILO(국제노동기구) 역시 협약*을 통해 동일하거나 본질적으로 유사한 직무에 대해서는 동등한 보상이 이루어져야 한다는 기준을 명확히 하고 있다. 우리나라는 1997년에 이 협약을 비준한 바 있다. 그렇기에 ILO 협약이 제대로 준수되고 있는지를 지금 점검해 볼 필요가 있다. 만약 국제 기준에 미달하는 제도나 관행을 유지하고 있다면, 이는 노동권 침해이자 인권의 국제적 기준 위반 소지가 될 것이다.

물론 현실에서는 업무 범위, 근로 시간, 책임 수준 등에 따라 보상 차이가 발생할 수 있다. 그러나 이 경우에도 차이는 명확하고 객관적인 기준에 따라 정당화되어야 하며, 설명 가능성이 없는 차이는 곧 차별로 간주되어야 한다. '차이'와 '차별'은 기준 설정과 설명 가능성이라는 경계 위에서 구분되어야 하며, 이것이야말로 정의로운 노동 질서의 출

---

* 1951년 ILO가 채택한 'Equal Remuneration Convention'이 대표적이다. 우리는 보통 '동일 노동, 동일 임금'의 원칙으로 번역하나, 정확히는 '동일 가치 근로, 동일 보수'라고 봐야 한다.

발점이다. 그러나 과연 제대로 지켜지고 있는지는 확신할 수 없다.

우리 사회에서 이 원칙이 제대로 작동하지 못한다는 의심이 드는 가장 큰 원인은, 법적 지위와 고용 형태에 따른 불필요한 이중구조에 있다. 같은 일을 하더라도 소속 회사가 다르거나 용역, 파견, 계약직이라는 이유만으로 임금과 복지, 승진 기회, 고용 안정성이 차등 적용되고 있는 것이 현실이다. 이는 사회 전체의 연대를 해치고, 조직 내 팀워크와 협업 문화를 훼손하며, 노동시장의 분절화를 고착시키는 주된 원인이 되고 있다.

이제는 이 구조에 대한 근본적인 접근과 해소 전략이 필요하다. 특히 공공부문이 먼저 앞장서서 정규직-비정규직 간 임금 격차를 단계적으로 해소하고, 이후 민간 부문에서도 직무 기반의 공정한 임금체계와 처우 기준이 마련되어야 한다. 공공부문은 단지 법을 집행하는 조직이 아니라, 정의와 공정성의 사회적 모델을 보여 줘야 할 책무가 있다. 모범적 고용주로서 역할을 해야 한다. 공무직이라고 불리는 많은 준(準)공무원들도 근로기준법이 아닌 공무직을 위한 별도의 제정 법령 체계에서 근로조건이 정립되는 구조가 되어야 한다. 지금처럼 단체행동과 단체교섭에 의한 방식은 지속되어서는 곤란하다.

더 나아가 최근에는 외국인 노동자에 대한 임금·처우 차별 문제가 사회적으로 부각되고 있다. '같은 일을 해도 외국인은 한국인보다 덜 받아야 한다'는 인식은 인권의 보편성과 평등 원칙에 정면으로 배치되는 반윤리적 사고이다. 특히 저출생과 인구 감소가 심화되는 우리나라 사회에서 이민자와 함께 살아가야 할 미래는 더 이상 선택이 아니라 필연이 되는 상황에서, 이러한 차별을 당연하게 생각하는 인식은 사회 통합을 위협하는 구조적 불안 요인으로 향후 작용하게 될 것이다.

이미 유럽의 일부 국가는 이민자 유입 초기에 차별을 방치한 결과, 장기적 갈등과 극우 정치의 부상이라는 사회적 대가를 치르고 있다. 한국도 이를 반면교사로 삼아야 한다. 처음부터 동등한 권리와 처우를 보장하는 사회적 인프라가 없다면, 이민자 사회는 흡수되지 않고 분리되고, 차별은 배제와 혐오로 진화하며, 민주주의의 기반마저 흔들릴 수 있다. 지금 당장 필요하다고 외국인을 활용(Utilization)하여 급한 불을 끄고자 하는 단견(短見)에서 벗어나, 이들의 직업능력 개발, 우리나라에서 생활도 모두 고려하면서 천천히 추진해야 한다. 이들이 대한민국 공동체에서의 통합적 자리매김(Integration)에 대한 근본적 고민이 수반되어야 한다.

'동일 가치 동일 보상'은 노동정책의 핵심 원칙일 뿐 아니라, 인권을 제도화하는 핵심 규범이다. 또한 사회 구성원 간 신뢰를 복원하고, 장기적으로는 다양성과 통합의 민주주의를 실현하기 위한 전략적 조건이기도 하다. 이제는 고용 형태, 국적, 성별, 소속을 넘어, '일의 내용'과 '기여의 가치'에 기반한 평가와 보상이 이루어지는 노동시장으로 전환해야 한다. 이 원칙을 바로 세우는 일이야말로, 지속 가능한 복지국가, 통합된 다문화 사회, 그리고 존엄한 노동 공화국으로 가는 첫걸음이 될 것이다.

9. 근로기준법의 차등 적용도 고려되어야 한다

근로기준법은 노동자의 권익 보호를 위한 최소한의 법적 기준으로서, 산업화와 경제성장 속에서도 노동권의 후퇴를 방지해 온 핵심적 사회 보호장치였다. 법적·윤리적으로 보편 적용이 원칙이지만, 오늘날 산업 구조와 지역 경제의 다변화 속에서는 일률적 적용이 오히려 형평성을 해치는 상황도 발생하고 있다.

과거에는 노동시장 내 보호받지 못한 계층이 많았고, 산업 간 생산성 격차도 크지 않았기 때문에 근로기준법의 전면적·포괄적 적용이 타당했다. 그러나 오늘날은 산업별 생산성, 고용 구조, 경영 여건이 크게 다르며, 특히 영세사업장, 1인 자영업, 가족경영, 특정 기술업종 등에서는 법의 정형적 기준을 적용하기 어렵거나 무의미한 경우도 증가하고 있다.

예컨대 도제제도나 현장실습 등 학습과 노동이 혼합된 구조에서는 최저임금의 일률 적용이 오히려 제도의 취지를 훼손할 수 있다. 외국에서도 도제제도는 초반 1~2년간 낮은 수준의 도제 임금을 교육-훈련의 대가로 인정하며, 이후 일정 기간을 마치면 학교 졸업과 정식 채용으로 연결된다. 도제 참여 학생의 생산성은 높지 않으며, 회사가 이들의 능력 개발을 위해 투자해야 할 부담이 작지 않기 때문이다. 문제는 이를 무시한 채 도제 학생에게 곧바로 정규 노동자 수준의 임금 또는 최저임금을 요구할 경우, 오히려 도제 기회 자체가 줄어들고, 산학협력 및 현장실습 프로그램이 위축되는 부작용이 초래되게 된다. 산업재해를 중심으로 한 노동자로서의 법적 보호와 학습자에 대한 합리적 보상은 구별되어야 한다.

또한 최저임금이나 법정 근로시간 등의 획일적 기준이 실제 고용구조와 괴리되면서 편법 고용, 비정형 근로, 비공식 계약, 초단시간 노동 등 제도 외부로 빠져나가는 현상도 심화하고 있다. 형식적 기준 준수보다 실질적 보호 회피를 유도하는 구조가 되는 셈이다.

이처럼 근로기준법의 적용 방식은 '법의 보편성'과 '현장의 정합성' 간 균형을 모색하는 새로운 설계가 필요하다. 이를 '차등 적용'이라고 부를 수 있지만, 이는 권리의 축소가 아니라, 보호의 실효성을 높이기 위한 방식의 다양화를 의미한다고 봐야 한다.

예를 들어 산업별·업종별로 근로시간, 휴게시간, 휴가, 임금구조 등에 대해 선택 가능한 차등 기준을 마련하되, 근로자의 안전, 생명, 존엄과 같은 핵심 권리는 어떤 경우에도 후퇴되지 않도록 선을 분명히 그어야 한다. 특히 도제, 인턴, 수습, 직업훈련 연계 고용 등 '준(準)노동'의 지대에 있는 고용 형태에 대한 특례 기준은 법제화되어야 한다.

또한 지역별 생계비와 산업 구조의 차이를 반영하여 최저임금 등 법정 기준에 대해 지역 차등화 논의도 본격화할 필요가 있다. 이는 지역 차별이 아니라, 지역 현실을 반영한 조정 메커니즘이며, 법 기준의 설계 주체가 중앙정부만이 아니라 지역 내 노사정 협의체나 중간 조직이 될 수 있도록 체계 전환도 병행되어야 한다.

결국 근로기준법은 '모두에게 똑같이'가 아니라 '각자에게 공정하게' 적용되어야 한다. 법은 평등을 지향하지만, 진정한 평등은 다양한 현실을 반영한 정합적 기준을 통해 실현되는 형평 위에 서야 한다. 유럽의 주요 국가들이 산업별 단위 협의, 직능별 보편 규정 등의 기준 체계를 운용하는 이유도 여기에 있다.

한국도 이제 '일률적 강제'에서 '정합적 보호'로의 근로기준법 패러다임 전환을 준비해야 한다. 이는 결코 노동권의 후퇴가 아니라, 보호의 실질화, 훈련과 노동의 선순환, 자율 조정의 기반 마련을 위한 전략적 과제라 할 수 있다.

10. 근로시간은 유연하게 운영하되, 보호 원칙이 병행되어야 한다

근로시간은 더 이상 고정된 틀 안에서만 정의될 수 없다. 산업구조의 변화, 기술 발달, 삶의 다변화에 따라 '언제, 얼마나, 어떻게 일할 것인가'에 대한 권리 자체가 재설계되어야 한다. 특히 돌봄 책임을 지닌 노동자, 경력 단절을 극복하려는 노동자, 학습과 병행 근로를 병행하는 성인 학습자, 고령 노동자에게 시간의 유연성은 곧 노동의 접근성과 지속 가능성을 결정짓는 핵심 요소이다.

이제 '유연한 시간 설계'는 기업이 일방적으로 배분하는 통제 도구가 아니라, 노동자가 스스로의 삶을 조정하는 자율권으로 일정 정도 자리 잡아야 한다. 외국에서는 관리자급이 아닌 일반 직원의 경우 돌봄과 육아 등의 이유로 자기 근무 시간표를 직접 설계하는 권한을 갖기도 하며, 이는 생산성과 몰입도, 직무 만족도 측면에서도 높은 효과를 보여주고 있다.

그러나 현실의 유연근무제는 자칫 '자율'이라는 이름 아래 구조적 장시간 노동과 불안정한 생활을 초래하는 수단으로 작동할 위험이 있다. 한국의 경우 주 52시간제 도입 이후 오히려 탄력근무, 선택근무, 재량근무, 선택적 근로시간제 등 다양한 제도가 기준 시간의 해체나 초과 노동의 정당화 수단으로 활용되고 있다. 특히 플랫폼 노동자, 프리랜서, 시프트 근무자 등 비정형 노동자들에게는 근무시간의 경계가 무너진 상태에서 '24시간 대기 노동'이 일상화되고 있는 실정이다.

이러한 왜곡을 막기 위해, 근로시간 유연화는 반드시 '보호장치'와 병행된 구조 속에서 작동해야 한다. 보호 없는 유연성은 자율이 아닌 통제이며, 노동자가 아닌 시스템 중심 사고의 반복일 뿐이다.

더 나아가, 시간을 설계할 수 있는 능력 자체가 노동자의 '경력 자산'으로 평가받는 구조가 만들어져야 한다. 유연근무는 단지 '근무 조건'의 하나가 아니라, 일-학습 병행, 자기 계발, 가족 돌봄, 건강 유지 등을 통합적으로 조율하는 삶의 기술이자, 지속 가능한 노동 생애 설계의 출발점이기 때문이다.

또한 고령자와 여성 노동자, 비표준 노동자 등 사회적 취약 계층에게 근로시간의 유연화는 곧 노동시장 진입의 문턱을 낮추는 정책적 장치로 작동할 수 있다. 이들에게 주 15시간 미만 초단시간, 간헐적 일자리 등 파편화된 노동이 아닌, 예측 가능하고 상호 존중적인 시간 관리 기반을 제공하는 것이야말로 진정한 포용적 노동정책의 실현이 될 수 있다.

결국, 시간의 유연화는 '신뢰 기반의 자율'과 '제도 기반의 보호'가 함께 갖춰질 때에만 비로소 노동자의 권리로 기능한다. 유연성만 있고 책임이 없거나, 보호만 있고 자율이 없는 구조는 양극화된 노동시장만을 재생산할 뿐이다.

이제는 유연성과 형평성이 균형 있게 조화를 이루는 시간 체계가 필요하다. 그것은 단지 제도만의 문제가 아니라, 노동을 인간 중심의 삶의 일부로 복원하기 위한 노력이기도 하다.

11. 유급휴가와 일·삶 균형은 모든 일터의 권리로 보장되어야 한다

휴식은 노동의 반대말이 아니다. 그것은 노동의 지속 가능성을 확보하는 핵심 조건이자, 노동자의 권리로서 반드시 보장되어야 할 제도적 요소다. 오늘날의 노동은 단순한 육체적 체력 소모를 넘어, 정서적·인지적 에너지의 지속적 소진을 수반한다. 그렇기에 '재충전의 시간'은 노동의 질, 조직의 지속성, 그리고 개인의 건강과 삶의 질을 결정짓는 주요 요인이다.

그러나 한국 사회에서 유급휴가는 아직도 제도적 권리라기보다 조직의 관행이나 개인의 용기 문제로 다뤄지는 경우가 많다. 또는 시혜의 대상이기도 하다. OECD 평균보다 짧은 법정 유급휴가 일수, 현저히 낮은 사용률, 그리고 특히 중소기업·비정규직·단기 계약직 노동자들의 경우 '있지만 쓸 수 없는 권리'로 전락하는 현실이 이어지고 있다. 이는 단지 휴식의 문제를 넘어, 사회적 격차와 조직 내 불평등의 구조화를 뜻한다.

특히 중소기업이나 영세사업장의 경우, 휴가 사용이 곧 죄책감과 업무 전가의 시작으로 인식되기도 한다. 한 명이 휴가를 가면 그 업무를 동료가 떠맡는 구조, 그에 따른 갈등, 그리고 휴가 이후 되려 부담이 가중되는 복귀 구조는 조직의 연대와 신뢰를 무너뜨리는 요인으로 작용한다. 이로 인해 노동자 간의 수평적 협업보다는 '눈치 보며 살아

남기' 경쟁이 자리 잡게 된다.

더욱 문제가 되는 것은 출산휴가나 육아휴직과 같은 특수 휴가 제도가 조직의 규모나 법적 성격에 따라 차등적으로 적용되거나, 심지어 불이익 요소로 인식되는 경우이다. 이는 선진국 복지국가 기준에서 보더라도 명백한 낙제점이며, 성평등·일-가정 양립·인구 위기 대응 등 모든 정책 목표와 배치되는 구조적 모순이다.

유급휴가는 사용자의 '선의'나 '허락'이 아니라, 노동자가 정당하게 요구할 수 있는 권리로 봐야 한다. 이 권리를 실질적으로 보장하기 위해서는 단지 제도적 도입만이 아니라, 그 이행을 가능하게 하는 운영 기반과 조직문화의 개혁이 필요하다. 특히 다음과 같은 구조적 장치들이 필수적이다. i) 휴가로 인한 업무 공백을 채울 수 있는 대체인력 지원 시스템 구축, ii) 소규모 사업장에도 최소한의 여유 인력(슬랙 인력) 확보를 유도하는 정책,* iii) 휴가 사용에 불이익을 주지 않는 인사제도와 관리자 교육의 병행, iv) 출산·육아휴직의 자동 승인 구조화 및 불이익 방지 의무화, 그리고 v) 특정 기간 집중 휴가제를 도입해 조직 차원의 집단 휴식 구조 유도 등이다.

---

* 직원 중에 결혼이나 출산의 가능성이 있는 젊은 근로자가 있다면 그 젊은 근로자 총수의 일정 비율을 추가로 고용하는 것을 고려해야 한다. 그리고 정부가 이러한 인력 고용의 인건비를 지원하는 방안도 고민해야 한다. 이러한 방안이 없다 보니 육아휴직에 대한 대체인력을 구하려고 해도 쉽게 구하지 못하고, 그 대체인력의 신분 역시 불안하며, 나아가 회사의 지식이나 노하우도 전수하기도 곤란하다.

또한 보상휴가제도의 확대는 유급휴가 제도를 보다 유연하고 현실성 있게 만드는 대안이 될 수 있다. 초과 노동이나 비상 대응 등의 경우, 금전 보상뿐 아니라 시간 보상 중심의 보상 체계를 통해 '시간의 가치'를 존중하는 사회로의 전환을 이끌어야 한다. 이는 특히 과로와 만성 피로를 일상으로 받아들여야 했던 조직문화에 일대 전환을 가져올 수 있다.

더불어 휴식은 학습과의 연결고리이기도 하다. 제대로 된 휴식이 가능할 때만이, 그 시간에 자신을 위한 배움과 성장을 도모할 수 있으며, 그것이 궁극적으로 생애 학습과 경력개발 기반으로 이어질 수 있다. 휴식 없는 학습은 소진을 낳고, 학습 없는 휴식은 정체를 낳는다. 두 요소는 서로의 조건이다. 외국은 유급학습휴가(Paid Learning Leave)가 개인의 권리로 보장된다. 우리는 여전히 시혜의 관점에서 머무르고 있다.[*] ILO 협약도 존재한다.[**]

한국은 OECD 국가 중 실질적 노동시간이 가장 긴 사회로 여전히 기록되고 있다. 이 구조를 바꾸기 위해서라도, 휴식권은 더 이상 개인의 선택이나 조직의 재량에 맡겨 둘 수 없다. 공적 책임과 제도적 장치의 확립이 뒷받침되지 않으면, 휴식은 특권으로만 존재하고 사회는

---

[*] 예를 들면, 「평생교육법」 제8조는 "국가·지자체와 공공기관의 장 또는 각종 사업의 경영자는 소속 직원의 평생학습기회를 확대하기 위하여 유급 또는 무급의 학습휴가를 실시하거나 도서비·교육비·연구비 등 학습비를 지원할 수 있다."고 규정하고 있다. 즉, 직원의 권리가 아니라 회사의 시혜적 관점에서 규정되어 있다.

[**] 「Paid Educational Leave Convention」, 1974이다. 우리나라는 아직 비준하지 않았다.

더욱 분열될 것이다. 최소한 우리와 경제 규모가 비슷한 국가 정도의 휴가는 보장받아야 한다. 예를 들면, EU 국가는 최소 20일의 유급휴가를 줘야 한다.

물론, 근무시간 중에는 직무에 성실히 임해야 한다는 원칙은 변함없이 전제되어야 한다. 휴식권 보장과 노동시간 유연화는 결코 나태나 회피를 정당화하는 수단이 되어선 안 되며, 오히려 더 건강하고 책임 있는 노동, 그리고 지속 가능한 노동 생애를 설계하는 조건으로 작동해야 한다.

결국, 유급휴가는 삶의 질을 넘어 노동의 질을 지탱하는 제도적 토대다. 지금이야말로 한국 사회는 '일 중심 사회'에서 '사람 중심 사회'로 전환할 수 있는 계기로서의 휴식권 보장을 다시 성찰해야 한다.

12. 공휴일 운영은 유연성과 예측 가능성을 중심으로 재설계되어야 한다

최근 한국 사회는 'Sandwich Day(샌드위치 데이)'에 모든 국민이 쉬어야 하는가, 대체공휴일을 자동으로 지정해야 하는가를 두고 반복적인 논쟁을 겪고 있다. 이러한 논의는 단순한 달력 논쟁이 아니라, 국가가 국민의 휴식과 삶의 리듬을 어디까지 규율할 수 있는가에 대한 사회적 질문이다.

한국은 연차휴가의 일수가 적고, 그 사용률도 낮은 사회다. 이로 인해 국가는 대체공휴일과 임시공휴일이라는 형태로 부족한 '휴식의 양'을 일시적으로 보완하려는 방식에 의존해 왔다. 그러나 이러한 방식은 일관성 없는 행정적 조치와 예측 불가능한 일정 변화로 사회 전체에 불안정성을 야기한다. 이는 본질적으로 국가가 지나치게 모든 것을 정하려는 전근대적 행정 발상의 연장선에 있다.

휴가는 일률적 통제 대상이 아니다. 근로자가 언제, 어떻게 쉴 것인가는 기업과 조직의 여건, 노동자의 삶의 방식, 그리고 노사 간 자율적 조정에 따라 유연하게 설계되어야 할 사안이다. 이를 국가가 획일적으로 결정하려는 시도는 오히려 노동의 자율성을 침해하고, 삶의 다양성을 통제하는 결과로 이어진다.

무엇보다 공휴일은 누군가에게는 쉼이지만, 누군가에게는 생계 그 자체다. 자영업자, 일용직, 비정규직, 시프트 근로자, 플랫폼 노동자 등은 공휴일이 고정 수입의 손실을 의미하거나, 오히려 더 많은 노동을 의미할 수도 있다. 갑작스러운 일괄적 공휴일 부여는 사회의 이질적 노동구조를 고려하지 못한 채, 동일한 '달력'으로 모든 노동자를 규율하려는 방식이다. 이는 다양한 삶의 조건을 무시하는 결과이며, 오히려 사회 리듬을 경직시키고 형식적 평등을 강요하는 문제가 발생한다.

따라서 공휴일 제도는 국가 차원의 최소 기준으로서의 공휴일 설정, 최소 유급 연차휴가 일수 규정, 그 외의 탄력적 운영은 조직 단위의 자율과 노사 합의에 기반해야 한다.

'공휴일=공공정책', '최소 유급 연차휴가 일수를 넘는 유급휴가=노사 자율'이라는 구도를 명확히 정립함으로써, 국가는 예측 가능성과 형평성을 제공하는 역할에 집중하고, 민간은 그 위에서 유연한 조정을 하도록 해야 한다.

이와 동시에 공공부문, 특히 교육 부문의 공휴일 운영은 사회 전체 삶의 예측 가능성과 밀접하게 연결되어 있다는 점을 고려해야 한다. 예를 들어 초·중등학교의 여름방학과 겨울방학이 '학교 자율'이라는 명분 아래 각기 다르게 운영되면, 학부모를 포함한 시민들의 삶의 계획 가능성은 크게 저해된다. 이는 교육 자율이라는 이름으로 포장된 사회적 비효율과 일상 불확실성의 제도화일 수 있다. 공공부문은 오히려 삶의 예측 가능성과 공동체적 시간 설계의 중심축으로 기능해야 한다.

이러한 점에서 법정 공휴일 제도는 국가 차원의 표준 달력과 예측 가능한 사회 운영 시스템으로 정비되어야 한다. 동시에, 불확실한 임시공휴일 지정은 극히 최소화하고, 법정 유급휴가를 늘리고, 보상휴가 제도를 통해 휴식권을 자율적이고 탄력적으로 설계할 수 있는 여지를 넓히는 방향으로 구조를 전환해야 한다.

핵심은 '휴일의 양'을 늘리는 것도 중요하지만, '휴식의 질'을 높이고, 사회 전체가 그 휴식을 예측 가능하고 안정적으로 계획할 수 있도록 지원하는 제도적 구조가 바로 선진국형 휴식 정책의 핵심이다. 국가가 모든 것을 정하는 방식에서 벗어나, 공공성, 예측 가능성, 자율성과 유연성 간의 균형을 설계하는 것이 중요하다.

제5장

Welfare, Workfare를 넘어 Learnfare가 필요

지금까지 복지는 최소한의 소득과 건강을 보장해 주는 Welfare 시스템에 기초해 있다. 노동시장에서 실업과 연계하여 생산적 복지라고 불리는 Workfare 시스템도 보조적으로 존재한다. 그러나 80살을 넘어 살아가야 하는 세상에서, 저출생에 대한 대응 차원에서라도, 또는 생성형 AI와 휴머노이드 시대에 적응하기 위해서라도 평생에 걸친 학습이 매우 중요시되었다. 언제, 어디서나, 어느 시기에나 원하는 학습을 할 수 있는 그런 권리가 중시되었다. 학습권이 보장되는 복지사회, 즉 Learnfare의 시대가 대두되고 있다.

1. 소득과 건강 복지인 Welfare는 최소한의 복지이다

복지(Welfare)는 인간다운 삶을 영위할 수 있도록 국가가 최소한의 조건을 보장하는 제도적 장치이다. 원래 삶의 어려움은 개인이나 가족, 지역사회가 감당하던 문제였다. 그러나 자본주의가 고도화되면서 빈곤과 질병, 실업과 노후 문제는 더 이상 개인이나 공동체만의 몫으로 남겨둘 수 없게 되었고, 국가가 제도적으로 개입해야 할 사회적 과제로 전환되었다. 이러한 과정 속에서 소득과 건강을 공공이 책임지는 구조가 형성되었고, 그것이 오늘날 복지국가의 기초가 되었다.

한국의 복지체계 역시 일정한 역사적 진화를 거쳐 발전해 왔다. 국민연금, 건강보험, 고용보험,* 산재보험 등 대표적인 사회보험은 개인의 기여를 전제로 한 제도로, 주로 노동시장과 연계되어 있다. 일정한 조건을 갖춘 국민에게는 실업 시 소득을 보전하고, 질병이나 노령, 재해 발생 시 일정한 보호를 제공한다. 여기에 소득이 전혀 없거나 사회적 약자로 분류되는 사람들을 위한 공적부조, 그리고 돌봄·보육·요양 등 서비스를 중심으로 하는 사회서비스 체계가 병존한다.

이러한 제도들은 오늘날 한국 사회의 사회적 기반을 구성하고 있지만, 여러 측면에서 구조적 한계에 직면해 있다. 인구구조 변화는 그중

---

* 고용보험의 세 가지 급여 중 실업급여만 사회보장제도에 해당한다. 나머지 고용안정급여와 직업능력개발급여는 고용보험의 틀 내에 있지만 근로자는 재정적 기여를 하지 않기 때문에 사회보장제도에 속한다고 보기 어렵다. 고용보험의 이러한 성격은 제도의 개편이 필요함을 의미하기도 한다.

가장 본질적인 도전이다. 고령화와 저출생의 급속한 진행은 사회보험의 지속 가능성에 심각한 의문을 던지고 있으며, 국민연금과 건강보험에 대한 불신도 커지고 있다. 일부에서는 사회보험을 미래세대에게 전가되는 부담 구조라고 비판하며, 불신이 젊은 층을 중심으로 빠르게 확산되고 있다.

또 하나의 중요한 문제는 복지행정의 구조적 이원화다. 현재 한국의 복지정책은 보건복지부와 고용노동부가 나누어 담당하고 있다. 건강, 의료, 돌봄, 소득보장 등은 보건복지부가, 산업재해와 실업 급여 등은 고용노동부가 각각 맡고 있다. 그러나 인간의 삶은 이처럼 기능적으로 나뉘지 않는다. 건강은 고용과 연결되고, 소득보장은 학습과 긴밀하게 연계된다. 복지서비스가 제각각의 부처와 기관을 통해 개별적으로 제공되는 구조에서는, 이용자 중심이 아니라 행정체계 중심의 운영이 되기 쉽고, 중복과 누락, 비효율이 반복된다. 정보는 분산되고, 행정비용은 증가한다. 사회보험의 관리 기관을 통합하고, 데이터와 정보시스템을 하나로 묶는다고 생각해 보자. 효율은 높아지고, 비용은 줄어들 것이다. 지금 존재하는 문제의 일정 부분은 이 모든 체계가 부처별로 나뉘어 운영되기 때문이며, 그로 인해 행정력과 재정이 분산되고 있다.

이제는 복지의 각 요소를 분리된 정책이 아니라, 한 사람의 생애 전체에서 유기적으로 구성되는 구조로 재설계해야 한다. 이를 위해서는 이원화된 행정체계를 넘어, 삶의 흐름에 맞춘 통합적 복지 설계가 필요하다. 특히 Learnfare와 같은 새로운 복지개념을 실현하기 위해서는 복지와 교육, 노동과 건강이 함께 설계되고 함께 운영되는 정책 전환이 전제되어야 한다. 사회보험의 기술적 조정이나 재정 개혁만으로는 충분하지 않다. 생애주기 전체를 하나의 연속된 흐름으로 바라보는 새로운 공공성의 체계가 필요하다. 그것이 오늘날 Welfare의 재구성 과제이며, Learnfare를 위한 출발점이 되어야 한다.

2. 생산적 복지인 Workfare도 필요하지만, 그 출발은 인본주의적이어야 한다

복지의 수동성을 넘어서고자 등장한 개념이 바로 Workfare였다. 이는 일을 할 수 있는 사람이라면 국가가 복지를 일방적으로 제공하기보다, 노동 참여를 조건으로 복지를 연계하는 방식이었다. 단순히 소득을 보장하는 데 그치지 않고, 직업훈련과 취업지원을 통해 개인이 다시 일어설 수 있는 기회를 제공하는 것을 목적으로 한다. 이러한 발상은 분명 복지국가의 지속 가능성을 위한 하나의 전환이었다. 일하는 복지, 생산적 복지라는 이름 아래, Workfare는 개인의 자립을 돕고 사회의 부담을 줄이려는 시도였다.

그러나 현실은 기대와 달랐다. 노동시장 자체가 불안정하고 양질의 일자리가 부족한 상황에서, 근로 조건부 복지는 오히려 복지의 문턱을 더 높이는 결과를 초래했다. 비정규직과 플랫폼 노동, 반복되는 실직과 단절된 경력 속에서, '일을 하면 복지에서 벗어날 수 있다'는 논리는 더 이상 성립하지 않는다. 오히려 일자리는 있지만 생계를 보장하지 못하는 노동, 즉 '워킹 푸어(Working Poor)'의 확산은 Workfare의 한계를 적나라하게 보여 준다. 결국 이는 복지를 통해 자립을 촉진하기보다, 최소한의 생존을 유지하기 위한 반복된 제도 의존과 탈락을 낳기도 한다.

더욱이 Workfare는 태생적으로 노동 유연성과 결합된 개념, 즉 유럽식 '플렉시큐리티(Flexicurity)'와 긴밀히 연동된 체계 안에서 설계되었다. 이는 해고가 쉬운 대신, 직업훈련과 전직 지원이 강력하게 뒷받침되는 구조를 말한다. 하지만 한국은 노동 유연성은 강하게 주장했지만, 사회적 안전망과 직업훈련 체계는 여전히 취약하다. 유연성은 있지만 안전성은 부족한 사회에서 Workfare는 오히려 구조조정의 정당화 장치처럼 작동할 수 있다. 해고에 대한 당위성을 설득하기 위해 교육과 훈련을 내세우는 방식은, 복지의 본질을 왜곡시킬 위험이 있다.

오늘날 우리는 'AI로 인해 일자리가 사라질 것이므로 평생교육, 계속교육이 필요하다', '해고 이후를 대비해 재교육을 강화해야 한다'는 주장을 자주 듣는다. 이와 같은 담론은 표면적으로는 미래를 대비하는 대안처럼 보이지만, 그 출발이 인본주의적 관점이 아니라 구조조정의 수단으로 작동한다면, 그것은 결코 건강한 복지정책이 아니다. 교육과 훈련은 인간의 존엄과 성장 가능성을 전제로 설계되어야 하며, 고용조정의 대책이나 노동시장의 압력을 정당화하기 위한 방편이 되어서는 안 된다.

Workfare가 오늘날에도 여전히 필요하다는 점은 부인할 수 없다. 그러나 그것은 인간을 수단이 아닌 목적으로 대하는 인본주의적 기초 위에서만 가능하다. 단지 일자리에 복지를 연결하는 것이 아니라, 일하고 싶은 사람, 일할 수 있는 사람, 일에서 소외된 사람 모두에게 '더 나은 삶을 위한 전환'으로서의 학습과 복지를 제공해야 한다. 한국의 실업자 훈련 체계가 과연 이러한 인본주의적 Workfare에 부합하고 있는지, 단순히 취업률을 높이는 기능·기술훈련에 머물고 있지는 않은지, 지금 우리에게 필요한 질문이다.

그렇기 때문에 Workfare는 Learnfare와 연결되어 재설계되어야 할 것이다. 노동시장 복귀만을 목표로 하는 단기적 대응에서 벗어나, 생애 전환을 위한 학습권 보장과 자기 삶의 설계를 가능케 하는 체계로 확장되어야 하며, 그것이야말로 인본주의적 복지국가의 다음 단계가 되어야 한다.

3. 지금은 학습복지 Learnfare가 요구되는 시점이다

지금까지 우리는 기존 복지 개념인 Welfare와 Workfare의 구조적 한계를 살펴보았다. 그리고 그 대안을 모색하는 과정에서 Learnfare 와의 연결 가능성에 주목하게 되었다. 그렇다면, 지금 이 시점에 왜

Learnfare가 필요한가?

오늘날 우리는 단순히 '일할 수 있는 능력'만이 아니라, 지속적으로 배우고 변화에 적응할 수 있는 능력을 요구받는 시대에 살고 있다. 디지털 전환, 산업구조 재편, 인구 고령화, 생애주기의 다변화 등 사회 전반의 조건이 빠르게 변하고 있으며, 이에 따라 개인의 삶도 단선적인 궤적이 아닌 복잡하고 유동적인 전환의 연속이 되었다. 더 이상 인간의 삶은 '학생 - 근로자 - 은퇴자'라는 고정된 경로로 설명되지 않는다. 교육, 노동, 은퇴라는 단계가 선형적으로 나뉘는 것이 아니라, 배우고 일하고 쉬는 시기가 반복되고 교차되는 비선형적 생애가 보편화되고 있다.

이러한 변화에도 불구하고, 국가는 여전히 교육과 복지를 분리된 영역으로 사고하고 있다. 교육은 교육정책의 문제로, 복지는 사회보장정책의 문제로 다루어지며, 두 영역 사이의 연계는 매우 미흡하다. 그러나 오늘날과 같은 전환사회에서는 이 같은 분절적 접근으로는 복잡한 삶의 경로를 지원할 수 없다. Learnfare는 바로 이러한 한계를 극복하기 위한 새로운 복지 개념이다. 그것은 학습을 단지 자격 취득이나 취업 수단으로 보는 것이 아니라, 존엄한 삶의 조건이자 인간의 권리로 재(再)정의하는 관점이다. 즉, 국민이 생애 전 주기에 걸쳐 학습할 수 있는 권리를 실질적으로 보장하고, 이를 위한 제도와 자원을 공공이 마련하는 체계가 Learnfare이다. 이는 오늘날 복지국가가 새롭게 구축해야 할 제3의 복지 기반이다.

특히 Learnfare는 역량의 격차가 언제, 어떻게 형성되고 확대되는지를 주목하게 만든다. 인간의 역량 격차는 교육 초기부터 시작된다. 부모의 소득 수준, 가정의 문화적 자본, 지역사회 여건 등은 아동과 청소년의 학습경험에 지대한 영향을 미치며, 이는 곧 교육격차를 넘어 생애 전체에 영향을 미치는 역량 격차로 이어진다. 사교육비를 감당할 수 있는 계층과 그렇지 못한 계층의 차이는 단순한 경제력의 차이를 넘어, 삶의 가능성 자체의 격차로 확산된다. 우리는 지금 무상교육, 의무교육, 장학금 제도 등 다양한 정책들이 과연 출발선의 평등을 실질적으로 보장하고 있는지를 냉철히 평가해야 한다.

그러나 진짜 격차는 노동시장 진입 이후부터 본격적으로 심화된다. 그리고 그 차이는 극복하지 못할 정도로 개인 간에 격차가 심화된다. 학교 교육 단계에서 발생하는 격차와는 비교가 안 될 정도이다. 비정규직과 단기 일자리의 확산, 경력 단절과 기술의 빠른 노후화는 성인의 학습을 더 어렵게 만들고, 이 시기의 교육기회 박탈은 인생 전반에 걸친 격차를 고착시킨다. 결국 노년기에 이르면, 학습과 성장의 기회 없이 고립된 상태로 은퇴 후의 긴 시간을 감당하게 된다. 인생의 2막, 3막으로 갈수록 삶은 더 어려워지고 고단해지며, 이를 개인의 노력만으로 극복하기란 불가능하다. 또한 노년기에 이처럼 커져 버린 격차를 내버려두고, 개인에게 책임을 지운다는 것은 올바르지 않다.

이제는 이러한 격차를 운명처럼 받아들이는 것이 아니라, 공공이 개입하여 평생에 걸친 학습기회를 설계하고 제공하는 Learnfare 체계를 구축해야 할 시점이다. 그것이야말로 생애주기 전체를 꿰뚫는 복지의 혁신이며, 교육정책과 복지정책, 노동정책의 경계를 넘어서는 통합적 접근이자 새로운 사회계약의 핵심이 되어야 한다. 그렇기 때문에 Learnfare는 단순한 교육정책이 아니라 복지국가의 다음 단계라고 할 수 있는 것이다.

4. Learnfare는 생애 차원에서 설계되어야 한다

Learnfare는 단지 직업훈련이나 재취업 교육에 그치는 것이 아니다. 그것은 유아기에서 아동기, 청소년기를 거쳐 성인이 되는 동안 이루어지는 학교 기반의 제도교육은 물론, 노동시장 진입 이후의 직업 전환, 역량 개발, 사회적 재참여, 은퇴 이후의 학습과 성장까지를 포함하는 전 생애 학습권의 체계화를 의미한다. 다시 말해, Workfare가 주로 노동시장에 진입한 이후의 시기를 중심으로 복지를 설계했다면, Learnfare는 그보다 훨씬 이른 유아교육 시점에서부터 시작해, 은퇴 이후까지를 포괄하는 보다 넓고 긴 시간의 복지 구조를 전제로 한다.

또한, Welfare가 주로 노년기 이후의 생존과 안전, 즉 삶의 뒷부분을 지탱하는 보장 체계에 집중해 왔다면, Learnfare는 생존을 넘어 존엄과 성장의 가능성을 인생 전반에 걸쳐 보장하는 체계다. 단지 무엇을 배우느냐보다 더 중요한 것은 언제든지 다시 배울 수 있다는 가능성이다. 이는 교육정책의 일부로 보거나, 전통적인 평생학습 개념으로만 설명할 수 없다. Learnfare는 교육정책이자 복지정책이며, 동시에 국가의 생애설계정책이자 사회적 전환 시스템으로 작동해야 한다.

이러한 전환을 위해서는 부처 간의 기능 통합 또는 강한 연계는 불가피하다. 교육부, 고용노동부, 보건복지부, 지방자치단체는 각각의 관점에서 '배움'과 '복지'를 다루어 왔지만, 그 누구도 이를 한 사람의 생애 흐름 전체에서 통합적으로 설계하지는 않았다. 지금은 단지 부처 간 조정이나 협업 수준이 아니라, '삶의 시간표'를 기준으로 한 정책 체계의 재편이 요구되는 시점이다. 이를 가능하게 하려면 학습을 하나의 서비스나 프로그램으로 다루는 접근을 넘어, 사회가 학습권을 어떻게 인식하고 지원할 것인지에 대한 철학적 전환이 전제되어야 한다.

Learnfare는 교육과 복지라는 기존 체계의 틀을 넘어서는 개념이다. 그것은 '배움은 선택이 아니라 권리이며, 인간의 존엄을 구성하는 핵심 요소'라는 관점을 제도화하려는 시도이며, 이 시도는 단순한 '평생교육 확장'이 아니라, 복지국가의 근본 틀을 다시 짜는 작업이다. 그렇기 때문에 Learnfare는 한 부처의 몫이 아니라, 국가 전체가 설계해야 할 미래형 복지국가 모델의 중심축이 되어야 한다.

5. Learnfare는 학습권의 존중이자 구현체이다

Learnfare가 단지 정책의 조합이 아니라 복지국가의 새로운 기획이라면, 그 중심에는 '학습권'에 대한 재정의가 있어야 한다. 우리는 흔히 학습권을 헌법상 교육을 받을 권리의 또 다른 표현으로 이해하곤 한다. 그러나 이러한 관점은 학습권을 지나치게 제도교육의 범위 안에 가두는 해석이다. 학습권은 더 이상 학교에 다니는 사람, 자격을 얻고자 하는 사람, 제도적 교육기관에 접근할 수 있는 사람만의 권리가 아니다. 그것은 인간이 변화하는 세상 속에서 스스로를 갱신하고, 자신의 삶을 능동적으로 설계하며, 존엄하게 살아갈 수 있도록 하는 권리로 봐야 한다.

즉, 학습권은 단순한 교육권의 하위 개념이 아니라, 인간의 자기 형성과 자기결정, 사회적 전환을 가능케 하는 Enabling Power, 곧 능력 형성의 권리로 자리매김되어야 한다. 이를 단지 제도교육의 문제로 다룬다면, 우리는 여전히 '무엇을 배울 것인가?', '어디서 배울 것인가?'에만 머물게 된다. 그러나 학습권은 배울 수 있어야 하는 이유와 그 배움이 인간 삶에서 갖는 의미를 묻는 권리다. 복잡한 사회에서 살아가기 위한 정보 접근, 기술 습득, 비판적 사고, 감정 조절, 공동체적 삶의 기초, 이 모든 것이 학습을 통해 형성된다면, 학습권은 곧 인간다운 삶을 구성하는 실질적 권리가 되는 것이다.

이 책의 출발점은 '인간다운 삶을 살 수 있는 사회'를 상상하는 데 있었다. 그리고 그 삶은 단지 생존만을 의미하지 않는다. 단지 살아 있는 것이 아니라, 살아갈 수 있는 능력을 갖는 것이다. 학습권은 바로 그러한 능력을 가능하게 해주는 권리다. 사회가 시민에게 제공해야 할 것은 자격이나 인증을 위한 학습만이 아니라, 존엄한 삶을 설계하고 선택하고 갱신할 수 있는 조건으로서의 학습이다. 따라서 학습권은 초·중등교육처럼 생애 어느 한 시기에 소모되는 권리가 아니라, 전 생애에 걸쳐 작동하는 인간의 본원적 권리로 보아야 한다.

이러한 의미에서 Learnfare는 학습권을 제도화하는 기획이다. 그것은 학습권을 단지 선언적 권리가 아니라 실질적으로 보장되는 사회적 권리로 바꾸는 제도적 장치이며, 국가가 보장해야 할 권리의 새로운 중심축이다. 교육은 선택의 문제로 남겨 두고, 복지는 생존의 문제로만 다루는 이원화된 정책 구조 속에서는 결코 실현될 수 없는 권리다. 우리는 이제 학습권이야말로 복지국가가 다음 단계로 나아가기 위해 다시 설계해야 할 가장 핵심적인 권리임을 인식해야 한다.

학습이 가능할 때, 사람은 자기 삶을 선택하고 변화시킬 수 있다. 학습권은 인간을 수동적 존재에서 능동적 존재로 전환시키는 권리 중의 권리이며, 그 자체로 인간다운 삶을 보장하는 핵심 수단이다. 바로 그렇기 때문에 Learnfare는 새로운 복지국가가 그 중심에 놓아야 할 철학이자 약속이 되는 것이다.

6. Learnfare는 학교 교육의 본질 회복을 추구한다

학교 교육의 본질은 단지 지식을 전달하는 것이 아니라, 현재와 미래를 살아갈 역량을 기르는 것에 있다. 그래서 우리는 초등학교와 중학교를 의무교육으로 규정하고, 이 시기에 모든 아이들에게 공통된 교육과정을 제공한다. 이는 단순히 평등의 문제가 아니라, 사회 구성원 모두가 일정한 기초 역량을 갖추도록 하기 위한 사회적 최소 보장이자, 인간다운 삶의 기반을 제공하기 위한 제도적 장치이다.

그러나 고등학교 이후로는 교육이 선택 중심으로 전환된다. 이는 개인의 소질과 적성을 따라 진로를 탐색하고, 각자의 방향으로 삶을 설계해 가도록 돕기 위한 교육과정의 원리다. 결국 학교 교육은 공통성과 다양성을 동시에 추구해야 하며, 아이들에게 '자신만의 색깔'을 발견하고 그에 맞는 삶의 경로를 설정할 수 있도록 길을 터주는 구조여야 한다. 전공이나 학과가 의미를 갖는 이유도, 바로 이러한 개인화된 삶의 설계에서 비롯되는 것이다.

이처럼 학교 교육은 원리적으로 보았을 때 격차가 발생해서는 안 되는 영역이다. 왜냐하면, 그 교육은 개개인의 가능성을 찾고 실현하기 위한 출발점이자 경로이기 때문이다. 그러나 한국의 현실은 이와 정반대의 방향으로 움직이고 있다. 교육의 목적이 진로 탐색이 아니라, 소수 명문대학 진입이라는 단일 목표로 수렴되고 있으며, 그 과정에서 공교육의 원리가 무너지고 있다. 전 국민이 패자(敗者)가 되는 무의미한 경쟁에 몰입하고 있으며, 그 결과로 공통교육과 선택교육 모두가 입시 논리에 종속되는 상황이 지속되고 있다.

이처럼 노동시장의 협소성과 불안정성은 교육시장에 직접적인 영향을 미친다. 좋은 대학을 나와야 좋은 일자리를 얻을 수 있다는 믿음은, 실제로 노동시장이 그렇기 때문에 구조적으로 강화되고 있으며, 그로 인해 좁은 입시의 문을 통과하려는 사교육 투자는 가계의 소득 구조와 미래 설계마저 뒤흔든다. 교육에 대한 막대한 투자가 결국 회수 가능한 투자였는지조차 불분명함에도, 한국 사회는 여전히 무모한 투자를 합리적인 선택이라 믿도록 구조화된 문화를 유지하고 있다. 이는 교육을 '사적 투자'로만 보는 왜곡된 시선의 결과이자, 공교육이 본래의 목적을 수행하지 못하는 데서 비롯된 악순환이다.

결국 이는 단지 학교 안의 문제가 아님을 의미한다. 어린 시절의 격차는 생애 전반의 불평등으로 이어지고, 그 격차는 성인기 학습의 격차로, 다시 노년기 삶의 격차로 확장된다. 학교 교육에서의 격차는 단순한 성적의 문제가 아니라, 삶의 방향을 설정할 수 있는 기회의 차이이며, 존재의 가능성 자체를 제약하는 구조로 작동하게 되는 것이다.

Learnfare는 이러한 현실을 정면으로 마주해야 한다. 그것은 단지 성인기의 평생교육 기회를 확대하는 문제가 아니라, 학령기 교육이 본래의 목적대로 작동하고 있는지를 되묻는 근본적 성찰의 출발점이 되어야 한다. 모든 아이들이 각자의 색깔을 찾고, 그것을 기반으로 삶의 길을 설계할 수 있도록 돕는 것, 그것이야말로 학습복지의 첫걸음이며, 학교 교육이 실현해야 할 공공성의 본질이 되는 것이다. 즉, 공통교육에서는 평생을 살아갈 기본역량을, 선택교육에서는 진로교육의 본질인 학습설계(Learning Design)와 경력설계(Career Design)가 강조되어야 하는 것이다.

7. 성인 단계에서는 시간과 돈의 한계를 극복할 수 있어야 한다

노동시장에 진입한 이후부터 인간의 삶은 또 다른 불평등의 경로로 나아가게 된다. 학교 교육 단계에서 어느 정도 출발선의 평등이 보장되었다 하더라도, 성인이 되어 일을 시작하면 역량의 격차는 다시 구조화되고 더욱 심화된다. 문제는 이 시기의 학습은 이제 개인의 선택이자 책임으로 전가된다는 데 있다. 실업자 훈련 등 일부 제한적인 경우를 제외하고는, 성인기의 학습은 철저히 개개인 각자가 시간과 자원을 얼마나 투입할 수 있느냐에 따라 가능성과 한계가 나뉘게 된다.

학습의 기회는 누구에게나 열려 있는 것처럼 보이지만, 실제로는 시간과 돈이라는 두 가지 장벽이 가장 결정적인 장애물로 등장한다. 경제적으로 여유가 있고, 유연한 근로조건 속에서 시간을 조절할 수 있는 사람은 언제든지 자기 계발과 전환 학습의 기회를 확보할 수 있다. 그러나 중소기업에 다니거나, 자영업을 하거나, 플랫폼 노동자처럼 유동적이고 불안정한 구조 속에서 일하는 사람은 학습의 기회 자체가 사치가 된다. 같은 노동자라 하더라도, 공기업이나 대기업처럼 '버젓한 일자리(Decent Job)'에 속해 있는 이들과의 역량 개발 기회 격차는 시간이 지날수록 더욱 벌어지게 된다.

이러한 현실을 외면한 채, 국가가 평생교육을 개인의 책임으로만 돌리는 구조는 오히려 격차를 고착화시키는 결과를 낳는다. 모든 성인은 역량 개발에 있어 평등해야 한다. 이는 선언적인 평등이 아니라, 실질적으로 '그럴 수 있도록' 기회를 제공받을 수 있어야 한다는 의미이다. 교육을 받을 기회는 학교 교육 단계에서만 존재하는 것이 아니다. 오히려 성인기에 필요한 역량은 시시각각 변하는 사회 변화 속에서 더 절실해지며, 이 시기의 학습이 생애 전반의 삶의 질을 결정짓는 중요한 변수로 작동하게 된다.

그러나 현재 우리의 제도는 그러한 통합적 사고와는 거리가 멀다. 교육부는 '평생교육'이라는 이름으로, 고용노동부는 '평생직업능력개발'이라는 이름으로 각기 다른 사업을 벌이고 있다. 이름은 다르지만, 실제로 그 안에서 제공되는 교육은 겹치는 경우가 많고, 정작 수혜자나 정책 대상은 동일한 사람들이다. 이는 마치 교육청은 학생회관, 학생수영장, 학생수련원을, 일반행정기관은 어린이회관, 어린이수영장, 청소년수련원을 따로 만드는 것과 같다. 겉으로 드러나는 주체와 명칭은 다르지만, 실제 대상자는 동일하고, 그들의 필요는 중복되고 있다.

문제는 이러한 이원화가 단지 행정상의 비효율을 넘어서, 관료적 이익과 권한 유지를 위한 구조로 작동하고 있다는 점이다. 각 부처는 자신만의 정책 영역을 지키려 하고, 산하기관은 이를 통해 예산과 권한의 극대화를 꾀한다. 그 사이에서 학습자는 제도를 오가며 혼란을 겪고, 학습권의 실질적 보장은 뒤로 밀린다. 이 모든 비효율은 결국 국가 전체의 학습복지 구현 역량을 약화시키고 있다.

이제는 제도와 조직이 아니라, 학습자를 중심에 두는 사고 전환이 필요하다. 제도는 수단이지 목적이 아니다. 학습자는 분절된 정책의 어느 한 영역에 속한 존재가 아니라, 생애 전 주기에서 끊임없이 변화하고 배우는 주체다. Learnfare의 핵심은 그 학습자를 중심으로 국가의 자원과 제도를 통합하는 데 있으며, 이는 단지 불필요한 행정비용을 줄이는 문제가 아니라, 대한민국이 인간다운 삶을 보장하는 사회로 나아가는 근본적인 개혁의 방향을 의미한다.

노동시장에서 발생하는 개인 간의 격차는 학교 교육 단계에서 발생하는 격차와는 비교가 되지 않을 만큼 크다. 우리는 흔히 학교 교육에서의 불평등만을 문제로 삼아왔지만, 정작 노동시장 내에서 벌어지는 역량 개발 기회의 격차와 생애 설계 능력의 차이는 학교 교육에서의 불평등보다 훨씬 더 심각하고 구조적이다. 학교 교육보다도 훨씬 더 거대한 불평등이 이 시기에 조용히 만들어지고 있는 것이다. 다만 우리가 그것을 애써 외면하거나 제대로 측정하지 않았기 때문에 문제로 인식하지 않았을 뿐이다. 그러나 이제는 이 격차를 직시해야 하며, 나아가 국가와 사회가 책임을 나누어 구조를 바꿔 나가야 할 때다. Learnfare는 바로 그 구조적 전환의 핵심 열쇠가 될 것이다.

8. 노인 단계에서의 학습도 성장과 발달을 위한 투자이다

노년기의 학습은 오랫동안 사회적 관심에서 벗어나 있었다. 배움은 젊은 시기의 일이며, 노년은 쉬고 여가를 즐기는 시기로 인식되어 왔다. 교육도 마찬가지였다. 노인 교육은 주로 보건복지부가 관장하는 복지관이나 노인정을 중심으로 이뤄졌고, 그 내용은 건강관리, 취미 생활, 단순한 정보제공에 그치는 경우가 많았다. 교육이 아니라 '위로'에 가까웠고, 학습이 아니라 '소일거리'로 취급되었다.

이러한 구조가 형성된 데에는 사회 전체가 노인을 바라보는 시각이 깊숙이 작용해 왔다. 우리는 노인을 지능의 감퇴와 신체 능력의 저하로 정의하며, 더 이상 학습의 주체나 사회적 기여의 주체로 간주하지 않았다. 한 인간이 노년에도 여전히 성장하고 발달할 수 있는 존재라는 점, 그리고 축적된 삶의 경험과 지혜를 사회와 공유할 수 있는 가능성을 간과해 온 것이다.

그 배경에는 수명이 70세 전후에 머물던 시절의 삶의 패턴이 자리 잡고 있었다. 20세까지는 공부하고, 60세까지 일하며, 이후의 10년은 은퇴 후 여가를 보내는 방식이다. 그러나 이러한 생애 설계는 더 이상 현실과 부합하지 않는다. 이제는 80세를 넘겨 90세까지 살아가는 것이 '예외'가 아니라 '일상'이 되었다. 은퇴(Retire)의 시점이 아니라, 흔히 이야기하듯 다시 타이어를 갈고 새롭게 출발해야 하는 Re-tire의 시점인 것이다.

따라서 노년기의 교육도 여가 중심의 소극적 접근이 아니라, 노인의 삶의 질을 높이고 사회적 참여를 확대하며 개인의 성장을 지속시키는 적극적 수단이 되어야 한다. 단지 배움의 기회를 제공하는 것을 넘어, 노인이 자신의 삶을 다시 구성하고, 사회와 소통하며, 후속 세대와 연결되는 존엄한 삶의 과정으로서의 학습을 설계해야 한다. 노년은 결코 정지된 시간이 아니다. 여전히 배우고, 전환하고, 기여할 수 있는 활력 있는 삶의 한 단계이다.

그런데도 현재 노인 교육은 여전히 보건복지부의 '복지 영역' 안에 갇혀 있으며, 건강과 여가의 연장선으로만 다뤄지는 경우가 많다. 이는 Learnfare 관점에서 보자면 교육의 공공성과 인간의 성장 가능성을 지나치게 축소한 접근이다. 노인 교육은 이제 복지적 시혜가 아니라, 국가의 생애학습 책임의 일부로 재편되어야 하며, 단지 보건복지 영역이 아니라 교육, 노동, 문화, 공동체 전반과 연결된 통합적 학습 체계로 전환되어야 한다.

따라서 Learnfare는 노년기에도 적용되어야 한다. 그것은 늙은 사람에게도 배움의 권리가 있음을 말하는 것이 아니라, 바로 그 시기에야말로 배움이 더욱 절실하게 필요한 시기임을 전제하는 개념이다. 노인은 사회적 보호의 대상이기 이전에, 여전히 배우고 성장하며 기여할 수 있는 능동적 시민이다. Learnfare는 바로 그 가능성을 제도화하는 기획이며, 교육이 삶의 끝자락까지 이어져야 한다는 믿음을 정책으로 구현하는 철학이다.

제6장

문화·예술·체육시설의 확대와 공공성 강화

문화·예술과 체육은 더 이상 여가나 취미의 차원이 아니라, 인간의 전인적 성장과 공동체적 삶을 가능하게 하는 핵심 요소다. 그러나 한국 사회는 여전히 예술과 체육을 사적 시장의 영역에 맡기고 있다. 그 결과, 국민들은 예술과 체육 활동을 학원이나 피트니스 센터에서 사적으로 소비해야 하며, 이조차도 소득과 계층에 따라 기능 여부가 갈린다. 공공 인프라의 부족은 예술가와 체육인을 안정된 임금 노동자로 수용하지 못하게 만들고, 사교육 종사자와 영세 자영업자로 내몰아 부동산 수요 증가, 임대료 상승, 폐업이라는 악순환을 반복하게 만든다.

이 장은 이러한 문제의 근원을 '공공성의 부재'로 진단하며, 예술과 체육이 모든 국민에게 공적 권리로 보장되어야 함을 강조한다. 학교

체육, 생활체육, 엘리트 체육의 통합적 발전, 예술인의 공공 고용 확대, 지역 기반의 공공투자 강화 등을 통해 사교육 구조를 전환하고, 문화적 권리를 공공이 책임지는 진정한 문화복지국가의 가능성을 모색한다.

1. 소득 1만 불 시대와 3~4만 불 시대의 차이는 문화·예술·체육 권리의 보장 여부에 있다

1만 불 시대의 핵심은 '의식주의 해결'이었다. 국민의 기본 생존을 보장하는 것이 국가의 주요 과제였고, 사회의 관심도 먹고살 수 있는가에 집중되어 있었다. 그러나 국민소득이 3만 불을 넘어서면서, 사회는 단순한 생존을 넘어 '어떻게 살 것인가'를 질문하기 시작했다. 삶의 질, 문화적 향유, 자기표현과 관계 맺기, 정신적 풍요로움이 국가 발전의 기준으로 등장한다. 이 전환기에 가장 중요한 공공권리는 문화·예술·체육의 권리다. 이는 이제 선택이나 취미가 아니라, 인간다운 삶을 위한 필수 요소이며 시민의 기본적 권리로 자리매김해야 한다.

그러나 오늘의 대한민국은 여전히 이러한 권리를 '시장에 위임'하고 있다. 예술 교육은 사설 학원에 맡겨지고, 체육 활동은 피트니스센터나 태권도 학원 등 사적 공간에 의존하며, 지역의 예술 공연이나 전시 관람은 입장료 부담을 감당할 수 있는 소수만의 활동으로 남아 있다.

이러한 구조는 경제력이 있는 사람만이 문화적 삶을 누릴 수 있다는 사실상의 문화 계급 사회를 형성하고 있다.

선진국은 이러한 함정을 일찍이 인식하고, 도시와 지역 계획의 초기 단계부터 문화·예술·체육의 공공적 기반을 촘촘히 구축해 왔다. 대표적인 사례가 프랑스 파리다. 파리는 원래 중세 성곽 도시였지만, 현대에 접어들며 이 성곽을 과감히 철거했다. 단순히 철거한 자리에 도로만을 건설한 것이 아니라, 외곽 순환도로(Periphérique) 주변에는 축구장, 배드민턴 경기장, 테니스 코트, 조깅 코스 등 다양한 체육시설이 함께 조성되었다. Google Map을 보면 확인이 가능하다. 성곽이 더는 필요하지 않은 시대, 그 자리를 시민의 삶을 풍요롭게 할 수 있는 공간으로 재창조한 것이다.

또한 파리는 도시 재생 과정에서도 남다른 접근을 택했다. 공장이 이전하고 도축장, 와인 창고 등 과거 산업시설의 기능이 상실되었을 때, 그 자리를 아파트 단지가 아닌 체육시설, 과학관, 예술공간, 공원 등 시민 중심의 공공 인프라로 탈바꿈시켰다.* 오늘날 파리 곳곳에 존재하는 아름답고 넓은 공원 중 상당수가 이러한 과정을 거쳐 재탄생한 것이다. 공간의 공공성이 삶의 질을 얼마나 풍부하게 만들 수 있는

---

* 파리 15구 시트로엥 자동차 공장이 있었던 곳엔 '엉드헤 씨뜨호엥 공원(Parc André Citroën)'이, 파리 북동부의 도축장이었던 공간은 지금 예술학교, 공연장, 과학관, 공원이 유기적으로 연결된 '라빌레트(La Villette) 공원'으로, 15구 남쪽 지역의 도축장은 '죠흐쥬 브하썽 공원(Parc Geroges Brassens)'으로 바뀌었다. 12구의 아름다운 '베르시 공원(Parc de Bercy)'는 원래 와인창고였다.

지를 보여주는 대표 사례다.

반면, 우리는 산업화의 상징이었던 영등포, 구로 등의 공업지역이 기능을 상실했을 때 그 부지를 곧바로 아파트 용지로 전환했다. 이러한 방식은 도시의 기능을 단순히 주거 중심으로만 재편한 것으로서, 문화적·사회적 공간으로의 전환에는 실패했다. 최근 들어 경의선 철도 부지를 시민의 산책길과 녹지 축으로 재조성한 사례는 예외적으로 긍정적이다. 이는 도시 공간의 공공성 회복이 가능하다는 중요한 신호이며, 이제 우리도 도시의 기능을 '주거'에서 '삶의 질'로 재정의해야 한다는 점을 상기시켜 준다.

물론, 오늘날 한국 사회도 일부 변화의 조짐이 있다. 작은 도서관이 곳곳에 들어서고, 일부 지자체는 생활 SOC를 확대하며 문화·체육 공간을 확충하고 있다. 그러나 여전히 양적·질적 측면에서 부족하다. 도서관은 열람 공간 중심이고, 체육시설은 운영 시간과 이용 방식이 제한적이며, 예술공간은 접근성이 떨어지거나 특정 계층 중심의 서비스로 한정되어 있는 경우가 많다. 공간이 있다고 해서, 모두가 향유할 수 있는 것이 아니며, 진정한 권리로 전환되기 위해서는 공공성의 원리와 실질적 접근권이 전제되어야 한다.

이제는 한 단계 더 나아가야 한다. 집 근처에서 어렵지 않게 예술 활동, 문화 행사, 체육 활동에 참여할 수 있어야 하고, 도서관에서는 단순한 독서뿐 아니라 주민들이 모임을 갖고, 함께 배우고, 삶을 나눌 수 있는 복합문화공간이 되어야 한다. 바로 이러한 공간구성과 프로그램이 선진국다운 사회의 문화적 기반을 이루는 것이다.

경제적 풍요는 더 이상 국민의 행복과 직결되지 않는다. 이제는 '어디서 어떻게 살아가는가?', '무엇을 누릴 수 있는가?'가 중요하다. 문화·예술·체육의 권리는 대한민국이 다음 단계로 도약하기 위해 반드시 보장해야 할 새로운 국가 전략이자, 시민의 삶을 다시 공동체로 되돌리기 위한 사회적 기반이다.

2. 한국 사회 여러 문제의 근간에는 문화·예술·체육의 공공성 부족이 있다

오늘날 한국 사회가 겪고 있는 다양한 구조적 문제들(예: 과도한 사교육비 지출, 학교 내 체육시설의 불균형 사용, 지역 간 문화 인프라의 격차, 청소년의 소외와 고립, 비정규직 일자리의 만연 등)이 모두 별개의 사안처럼 보이지만, 그 뿌리를 더듬어 올라가면 하나의 공통된 문제에 닿는다. 바로 문화·예술·체육의 공공성 부족이다.

대한민국은 교육과 복지, 산업 인프라에 대한 공공투자는 확대되어 왔지만, 문화·예술·체육 영역에서는 여전히 '개인의 취미'이자 '사적 소비'의 영역으로 취급하는 경향이 강하다. 이로 인해 국가와 지방정부의 직접적인 책임과 투자보다는, 시장의 논리에 맡겨져 있는 상태가 지속되어 왔다. 이러한 구조가 낳은 결과는 매우 현실적이고 구체적이다.

대표적인 것이 사교육비의 문제이다. 음악, 미술, 체육 활동이 학교 교육과 지역사회 공공서비스로는 충족되지 않기에, 많은 가정이 이를 사설 학원이나 레슨비로 감당해야 한다. 특히 예·체능 계열 진학을 목표로 하는 학생들은 과도한 비용을 부담하게 되며, 이는 계층 간 기회의 불균형으로 이어진다. 예술과 체육이 학생의 성장과 표현의 장이 아니라 '투자 대비 성과'로 환산되는 교육 상품이 되어 버린 것이다. 설혹 전공하지 않고 취미로 하더라도 그런 기회를 갖기가 어렵다.

학교 안에서의 문제도 크다. 학교 체육은 엘리트 운동부 중심으로 조직되어 있는 경우가 많고, 그 결과 운동장은 일부 학생 집단에게 전유되고, 대다수 학생은 체육 활동의 시간과 공간을 박탈당한다. 이는 모든 학생의 건강권과 신체 활동 권리가 평등하게 보장되어야 한다는 원칙과 정면으로 충돌한다.

학생들이 하교한 후의 삶도 살펴보자. 현실적으로 청소년들이 자유롭게 모여 활동할 수 있는 공간은 거의 없다. 공공도서관이나 문화센터, 청소년 전용 문화공간은 절대적으로 부족하며, 그나마 있는 시설조차 입지나 프로그램, 운영 시간 등에서 접근성이 낮다. 결국 학생들은 학원으로 가거나, PC방이나 카페를 전전하며 시간을 보내게 된다. 이는 사적 소비가 공공서비스를 대체하고 있다는 대표적인 사례이다.

학교 밖 청소년 동아리 활동도 마찬가지다. 회의실 하나, 연습실 하나 구하기 어려워서 돈을 모아 민간 공간을 임대하거나, 카페를 전전해야 한다. 지역 주민들의 작은 발표회, 워크숍, 전시회를 열 수 있는 공공공간은 턱없이 부족하며, 사용 절차도 까다롭고 접근성도 떨어진다. 결국 문화 활동의 기획과 실행은 돈이 되는 사람, 시간과 정보에 접근 가능한 사람의 전유물이 되고 만다. 한낮에 카페에 모여 대화를 나누는 많은 사람들 중 일정 부분은 공공의 공간이 있었다면 그 공간에서 모임을 가졌을 것이다.

더 나아가 이 구조는 고용 시장의 왜곡으로도 이어진다. 공공이 예술인, 체육인에게 안정적인 고용을 제공하지 않기에, 이들은 대부분 영세 자영업자나 프리랜서 강사로 일하게 된다. 교습소, 학원, 피트니스센터, 작은 공연기획사 등에서 불안정한 삶을 이어가야 하며, 이들 중 상당수는 공간 임대료, 홍보비용, 인건비를 감당하지 못해 폐업을 반복하게 된다. 이러한 구조는 불필요한 자영업을 양산하며, 도시의 상업공간은 더욱 비효율적으로 팽창하고, 부동산 가격 상승과 임대료 폭등이라는 악순환을 불러온다.

결국 이 모든 문제의 출발점에는 국가가 문화·예술·체육을 공공의 책임 영역으로 인식하지 않았다는 점, 즉 공공성의 구조적 결핍이 자리를 잡고 있다. 그리고 그 결과는 사적 소비로 전환된 권리, 계층 간 격차 확대, 지역 불균형, 불안정 노동, 도시문제로 이어지며, 사회 전체의 삶의 질을 위협하고 있다.

문화·예술·체육이 모든 국민의 삶에서 필수적이라는 인식이 자리 잡을 때, 비로소 우리는 이 문제들을 하나씩 해결해 나갈 수 있다. 공공의 역할을 강화하고, 그에 따른 물적 기반과 제도적 장치를 확대하며, 생활 속에서 자연스럽게 문화와 예술, 체육이 스며드는 사회를 만들어야 한다. 단지 프로그램을 늘리는 것이 아니라, 시민 누구나 쉽게 접근하고, 자유롭게 표현하며, 함께 경험할 수 있는 공공 기반을 새롭게 구축하는 일에서부터 다시 시작해야 한다.

3. 공공성 부족은 부동산 문제, 비정규직 양산의 원인이 되기도 한다

문화·예술·체육 활동은 원래 공공의 공간에서 공공의 목적을 위해 이루어져야 한다. 이는 인간다운 삶을 보장하는 중요한 사회권이자, 도시와 공동체의 활력을 유지하는 데 필수적인 기능이다. 그러나 한국 사회에서는 이 영역이 오랫동안 민간 시장에 위탁되어 왔으며, 그 결과 문화·예술·체육을 위한 활동 공간이 대부분 사적 임대 공간, 즉 아파트 상가, 주택가 상가, 상업용 오피스텔 등으로 공급되어 왔다.

도시를 걷다 보면 흔하게 접하는 미술학원, 음악학원, 태권도장, 피트니스센터 등이 바로 그 예다. 이들은 마치 자연스러운 도시경관처럼 보이지만, 사실은 공공시스템이 제 역할을 하지 못한 결과로 생겨난 시장에서의 대체재이다. 원래 이 역할은 지역 체육관, 문화센터, 청소년 수련관, 공립 예술교육 기관, 학교 내 방과 후 프로그램 등 공공 기반시설과 서비스가 수행했어야 했다. 하지만 정부는 이를 지속적으로 외면했고, 그 공백을 개인과 시장이 메우면서 사회적 비용이 눈덩이처럼 불어났다.

그중 하나가 바로 과도한 부동산 수요다. 문화 · 예술 · 체육 활동을 위한 사적 공간을 확보해야 하기에, 개인 강사나 소규모 운영자들은 임대료가 비싼 도심의 상가를 구입하거나 임차할 수밖에 없다. 최근 아파트 단지 내 상가를 보면, 부동산 중개사무소, 편의점, 약국과 함께 가장 많은 업종이 바로 예체능 관련 사교육 시설이다. 그만큼 이 분야의 활동이 공공적으로 해결되지 않고 있으며, 이는 단순히 도시 경관의 문제를 넘어서, 부동산 가격을 자극하고 임대료 상승을 부추기는 구조적 요인으로 작용하고 있다. 또한 과다한 부동산 수요를 부추기는 요인으로 작동한다.

길거리에서 주는 전단지를 받아 보면 이 현실은 더욱 명확해진다. 피트니스센터, 필라테스 학원, 유아 미술 · 음악 학원, 태권도 도장 등의 할인 광고가 넘쳐난다. 할인 경쟁이 과열되는 이유는 공급이 많기 때문이고, 그 공급은 공공공간의 부재로 인해 영세 자영업자들이 시장에 밀려 나와서 생겨난 비효율적 공급이기 때문이다. 이들은 대부분 자영업자 신분이지만, 그 대부분은 실상 불안정한 '자기 고용 비정규직'일 따름이다. 자본도 부족하고, 복지 혜택도 미흡하며, 임대료와 인건비,

광고비를 감당하지 못하면 폐업이라는 결말을 맞이할 수밖에 없다. 언론에 종종 기사화되는 '수강료 먹튀'의 모습이 나타나기도 한다.

또 다른 문제는, 이들 예술인·체육인들이 학교라는 공공의 공간에 참여한다 하더라도 정규 인력으로 채용되지 않는다는 점이다. 음악과 미술, 체육을 전공한 이들이 방과 후 수업, 예술 강사, 체육 코치, 생활체육 지도자 등으로 참여하더라도, 그들은 대부분 계약직이며, 교육과정의 주체가 아닌 부차적, 보조적 인력으로 취급받는다. 교원 자격증과 정원이라는 제도적 장벽은 그들의 진입을 가로막고, 교육 활동의 주도권을 제한한다. 이로 인해 공공의 공간에서조차 비정규직의 삶에서 벗어나지 못하고, 결국 다시 사적 공간으로 떠밀려 나가게 된다.

이러한 구조는 한 개인의 생계나 진로의 문제로 끝나지 않는다. 예술과 체육을 사적 생존의 수단으로 전락시킨 사회, 문화권과 건강권을 계층별로 차등 보장하는 사회, 그리고 불필요한 자영업을 양산하여 부동산 자산의 왜곡된 소비를 유발하는 사회는 결국 국민의 삶을 고통스럽게 만들고, 공동체를 해체하며, 불신과 경쟁만을 남긴다.

더 나아가, 도시 설계와 부동산 정책에도 영향을 미친다. 예술·체육을 위한 공간이 공공적으로 계획되지 않으면, 민간은 이를 상업적 목적으로 공급하게 되며, 이는 임대수익을 목적으로 한 건축 행위와 맞물려 상가 과잉 건설, 유휴공간 방치, 임대료 상승으로 이어진다. 이 모든 현상은 결과적으로 부동산 시장을 왜곡시키고, 자영업자와 소비자 모두에게 불이익을 초래한다.

　예술과 체육이 단지 '문화'의 영역이 아니라 노동시장 구조, 도시 구조, 자영업 정책, 부동산 경제와 긴밀하게 얽혀 있는 핵심 사회정책 영역임을 명확히 인식해야 한다. 문화·예술·체육의 공공성을 회복하는 것은, 단지 개인의 취미활동을 보장하는 것이 아니라, 비정규직 고용 문제를 해결하고, 도시와 공간의 질서를 회복하며, 부동산 과열을 잠재우는 국가적 전략이 되는 것이다.

4. 공공성 회복을 위한 투자 전략으로 BTL과 BTO를 고려하자

　문화·예술·체육의 공공성 회복은 철학이나 이상만으로 이룰 수 없다. 그것은 실질적인 공공 인프라의 확충, 재정 구조의 개편, 제도 설계의 전환을 수반해야 하는 구체적 정책 과제다. 그 시작점은 바로 적극적인 공공투자다. 지금까지 정부는 예산 부족을 이유로 문화·예술·체육 시설 확충에 소극적인 태도를 보였고, 이로 인해 민간 시장이 그 역할을 대신하게 되었다. 그러나 그 대가는 우리가 이미 보고 있듯이, 삶의 질의 격차, 계층화된 문화 접근, 비효율적 자영업 구조, 공간의 사유화라는 사회적 비용으로 나타나고 있다.

　그렇다면 과연 방법이 없는 것인가? 실제로는 그렇지 않다. 우리는 이미 학교 건물, 사회간접자본시설(도로, 항만, 지하철 등)에 대해 민간

투자사업(BTL, BTO 등)을 광범위하게 활용하고 있다. BTL(Build-Transfer-Lease, 임대형 민자 사업)은 민간이 건설 후 일정 기간 동안 시설을 정부에 임대해 운영비를 받는 방식이며, BTO(Build-Transfer-Operate, 수익형 민자 사업)는 민간이 시설을 짓고 일정 기간 동안 직접 운영하여 수익을 회수하는 방식이다.

이러한 제도는 국가 예산을 단기에 투입하지 않고도 장기적으로 사회기반시설을 확충할 수 있는 수단이며, 실제로 많은 교육시설, 군 시설, 복지시설 등에 활용되어 왔다. 그런데 왜 문화·예술·체육시설에는 이런 방식이 적용되지 않았는가? 이는 자금의 부족이 아니라, 정책적 상상력과 의지의 부족 때문이다.

또한 민간투자 방식의 핵심은 단순히 민간 자본을 유치하는 데 있는 것이 아니라, 공공 목적과 결합된 민간 참여 구조를 설계하는 데 있다. 시설의 소유권과 운영권, 이용료와 접근성, 프로그램 구성의 공공성 등을 계약 단계에서 철저히 명시하고 통제할 수 있다면, 민간과의 협력은 오히려 공공성 실현의 촉진제가 될 수 있다. 중요한 것은 정부가 주도하고, 민간이 참여하며, 시민이 혜택을 보는 구조를 만드는 일이다.

예산 측면에서도 기회는 존재한다. 첫째, 중앙정부와 지방정부는 '예산이 없어서 못 한다'고 주장하지만, 현실을 보면 오히려 불필요한 예산 사용과 재정 낭비가 더 큰 문제이다. 지방자치단체장의 선심성 예산 집행, 정치적 이해관계에 따른 보조금 사업, 이중 투자와 중복 사업, 실적 위주의 단기 사업이 반복되면서, 정작 시민의 삶에 실질적 영향을 주는 분야에는 예산이 턱없이 부족하게 되는 것이다.

둘째, 여전히 정부는 개발경제 시대의 유산처럼 대형 구조물 중심의 개발 사업에는 수천억 원대의 예산을 투입하면서도, 소규모 지역 문화센터, 생활체육관, 창작공간과 같은 생활 기반형 인프라에는 인색한 편이다. 이는 '보여 주기식 투자'의 전형이다. 물리적 규모가 크고 상징성이 강한 사업에 집중된 예산 흐름을 재조정하고, 생활과 밀착된 문화복지 시설에 대한 투자를 확대한다면 사회적 파급효과는 훨씬 클 것이다.

셋째, 부처 간 협력의 부재 또한 예산의 비효율을 초래한다. 같은 지역에서 교육부, 문화체육관광부, 여성가족부, 고용노동부 등이 유사한 목적의 시설을 개별적으로 건립하고 있으며, 그에 따라 인프라는 파편화되고 예산은 분산된다. 이 중복 투자를 방지하고, 복수 부처가 공동 기획하고 공동 예산을 편성하여 통합된 시설과 프로그램을 운영한다면, 예산은 줄이고 효과는 증가시킬 수 있을 것이다.

결국 문제는 돈이 없는 것이 아니라, 돈이 흘러가는 방향이 잘못되어 있다는 데 있다. 문화·예술·체육은 더 이상 사치가 아니라 필수 공공재이며, 이에 대한 투자는 미래 사회에 대한 장기적 투자이자 시민의 삶의 질에 대한 국가의 책무다. 민간 자본을 활용할 수 있는 제도적 장치를 새롭게 설계하고, 예산의 흐름을 조정하며, 부처 간 협업과 지역 중심의 생활 인프라 투자로 전환해야 할 시점이다.

즉, 정책 결정권자와 예산 편성권자는 재정의 크기도 중요하지만, 재정 투자의 방향과 원칙을 고민해야 한다. 문화와 예술, 체육의 공공성을 회복하는 일은 국가의 재정 건전성과도 양립 가능하며, 오히려 사교육비 절감, 자영업 구조개선, 건강권 보장, 도시 재생, 공동체 회복이라는 여러 부문에 긍정적 파급효과를 가져올 수 있다.

5. 학교체육, 생활체육, 엘리트 체육의 상생을 추구하자. 예술도 마찬가지이다

건강한 삶을 위한 체육은 단순한 교육이나 오락의 영역을 넘어 삶의 질과 공동체 복원력을 구성하는 핵심 요소다. 체육은 학교에서 시작되어 지역사회로 뻗어나가고, 일부는 엘리트 수준으로 발전한다. 이상적인 체육 시스템은 이 세 가지(학교체육, 생활체육, 엘리트 체육)가 단절되지 않고 연계와 순환의 구조로 유기적으로 연결되는 것이다. 마찬가지로 예술도, 생활예술, 영재교육, 직업예술 간의 생태계가 단절이 아닌 연속으로 구성되어야 하며, 그 기반은 공공성이어야 한다.

체육의 세 축은 '계층'이 아닌 '흐름'이어야 한다. 학교체육은 모든 학생이 일상에서 건강한 신체 활동을 경험하고, 자기 몸과 마음을 인식하며, 협력과 규칙을 배우는 기본권 보장의 수단이다. 생활체육은 전 세대의 시민이 나이, 소득, 직업, 능력과 무관하게 지속적으로 운동할 수 있는 보편적 공공재다. 엘리트 체육은 뛰어난 재능과 노력을 바탕으로 국가의 위상을 높이고, 국민에게 감동과 자긍심을 선사하는 성과 중심 활동이다.

그러나 오늘의 한국은 이 세 영역이 단절적이고 분리된 구조 속에 놓여 있다. 학교 운동장은 일부 운동부 학생들에게 전유되고, 일반 학생들의 체육 수업은 형식에 그치는 경우가 많다. 생활체육은 고령층 중심의 단조로운 프로그램으로 한정되고, 엘리트 체육은 여전히 학교 시스템과 국가의 직접 개입을 통해 관리되고 있다.

우리는 아직 '헝그리 정신'에서 벗어나지 못했다. 후진국 시절, 올림픽 금메달이나 월드컵 4강 같은 성과는 국민에게 자긍심을 주는 거의 유일한 수단이었다. TV가 귀하던 시절, 라디오 중계로 들려오는 권투 경기의 편파 해설도 국민을 하나로 모으는 도구가 되었고, '헝그리 정신'은 국가적 서사의 중심이 되었다.

그러나 이제 대한민국은 선진국을 자처하는 시대에 들어섰다. 대부분의 선진국은 엘리트 체육을 개인의 노력과 민간 클럽 중심의 활동으로 다루며, 정부는 모든 국민의 체육 참여 확대, 지역 스포츠 인프라 구축, 전문 지도자의 양성에 집중한다. 체육은 곧 시민의 건강, 공동체 결속, 나아가 복지와 연결된 시스템으로 기능한다.

그런데 우리는 아직도 엘리트 선수 육성을 위한 별도의 운동부, 별도의 예산, 별도의 인프라를 학교 안에서 운영하고 있다. 학교체육은 모든 학생을 위한 것이 아니라, 일부 선수들을 위한 도구로 전락했고, 생활체육은 여전히 국가 대회조차 엘리트 선수를 위한 대회처럼 운영되고 있다. 전국체전, 시도체전, 생활체전이라는 명칭은 다르지만, 결국 목적은 엘리트 선수를 위한 구조인 것이다.

따라서 체육 생태계의 전환이 필요하다. 생활체육 중심의 유기적 순환 구조를 만들어야 한다. 우리가 진정한 선진국형 체육 시스템을 갖췄다고 가정해 보자.

생활체육 인프라가 지역 곳곳에 있고, 이 인프라에서 은퇴한 엘리트 선수들이 생활체육 강사로 활동하며, 학교 학생들에게도 체육 수업을 제공한다면? 또 이들이 지역 클럽을 운영하고, 재능 있는 학생들을 발굴해 민간 차원에서 엘리트 체육으로 연결하는 체계를 만들 수 있다면? 최근 축구와 야구에서 이러한 클럽제가 만들어지고 있다. 그러나 그 이면(裏面)을 보면 지금까지 봐왔던 엘리트 체육의 변종인 것처럼 보여 안타까울 따름이다.

이처럼 선순환 구조가 만들어진다면 정부가 굳이 학교마다 운동부를 만들고 예산을 투입할 필요도 없고, 은퇴한 선수들을 위한 인위적인 공공 일자리를 만들 필요도 없다. 체육 생태계 안에서 자연스럽게 고용이 창출되고, 인재가 육성되며, 모든 시민이 체육 활동에 접근할 수 있게 된다. 이것이 정상적인 선순환 구조다. 그러나 우리는 아직도 이를 만들어 내지 못하고 있다.

체육은 이제 '건물'이 아닌 '관계와 시스템'으로 봐야 한다. 그럼에도 우리는 여전히 체육 정책을 경기장 건설이라는 하드웨어 중심으로 접근한다. 전국 곳곳에 새로 건설된 체육관과 운동장이 평일에는 비어 있고, 주말에만 가까스로 사용되는 현실이 이를 보여 준다. 왜 그 공간에서 트레이너, 강사, 생활체육 동호회, 청소년 클럽, 가족 단위 활동이 이루어지지 않는가? 왜 그 공간이 학교와 지역 주민, 엘리트 선수와 생활체육 지도자, 공공시설 운영자 간의 연계로 살아 숨 쉬지 못하는가?

답은 분명하다. 우리는 시설과 공간만 만들고, 그것을 연결하는 유기적 생태계(휴먼웨어와 소프트웨어)에는 관심이 없기 때문이다. 체육은 공간이 아니라 사람과 시스템임에도 말이다. 따라서 체육시설을 지을 때 반드시 생활체육, 학교체육 그리고 엘리트 체육의 선순환 모델을 염두에 두어야 할 것이다.

예술도 마찬가지다. 예술도 같은 구조로 접근해야 한다. 예술 영재 교육은 소수 정예 중심, 생활예술은 지역문화센터나 민간 소모임 중심, 전문 예술인은 프로젝트 단위의 불안정 고용에 의존하고 있다. 이 역시 단절된 생태계이다. 예술도 체육처럼 생활−전문−영재가 하나의 흐름으로 연결되고, 공공 인프라 속에서 지속 가능한 활동 구조가 형성되어야 한다. 예술교육을 받은 시민이 생활 예술인으로 활동하고, 그 일부가 직업 예술인으로 성장하며, 다시 지역사회에 기여할 수 있는 선순환 구조가 필요한 것이다.

정리하면, 학교체육·생활체육·엘리트 체육은 각각 분리된 구조가 아니라, 순환하는 생태계 구조로 전환되어야 한다. 그리고 이 모델은 예술에서도 마찬가지로 적용 가능하다. 대한민국이 진정으로 선진국의 체육·예술 시스템을 갖추기 위해서는, '하드웨어 중심의 투자'에서 벗어나, 사람과 관계 중심의 공공 생태계를 설계하는 일부터 다시 시작해야 한다.

6. 학교와 그 주변을 예술·체육 등의 복합기능공간으로 만들어야 한다

학교는 단지 학생만을 위한 공간이 아니다. 학교는 지역사회의 심장과 같은 곳이며, 모든 세대가 함께 공유하고 누릴 수 있는 공공 플랫폼이 되어야 한다. 지금까지 학교는 물리적으로는 지역 중심에 있었지만, 기능적으로는 지역으로부터 분리되어 운영되어 왔다. 담장은 폐쇄성을 상징했고, 체육관·도서관·음악실은 방과 후에는 문을 닫았다. 하지만 이제는 이러한 단선적·폐쇄적 학교 공간 개념에서 벗어나야 할 시점이다.

학교의 공간은 예술과 체육을 비롯한 다양한 기능을 포괄하는 복합문화공간으로 재구조화되어야 한다. 주중에는 학생들이 활용하고, 새벽과 저녁, 주말과 방학 동안에는 지역 주민이 자유롭게 사용할 수 있는 개방형 공간으로 전환해야 한다. 이를 통해 학교는 더 이상 특정 연령의 학습자만을 위한 곳이 아니라, 지역사회 전체의 성장과 회복을 위한 기반 시설로 자리매김할 수 있다.

그러나 이러한 이상은 자연스럽게 실현되지 않는다. 제도적, 재정적, 운영적 기반이 뒷받침되어야 한다. 학교시설의 개방과 운영을 위해서는 제도 정비가 선행되어야 한다.* 그리고 학교 관계자의 대승적 결단이 요구된다. 학교 공간의 지역사회 개방은 단순히 '문을 열어 주는 일'이 아니다. 운영비용이 있어야 하고, 책임 주체와 안전관리 체계가 명확히 설정되어야 하며, 기획력 있는 프로그램 운영과 교직원·지역주민·지자체 간의 역할 분담이 이뤄져야 한다. 예컨대 지역 예술인이 학교 예술실에서 프로그램을 운영하고, 은퇴한 체육인이 학교 체육관에서 지역 주민에게 생활체육을 지도한다면, 이는 단순한 공간 공유를 넘어 공공서비스의 복합화이자 지역 일자리 창출로도 이어질 수 있다.

---

* 이미 「학교복합시설 설치 및 운영·관리에 관한 법률」이 존재한다. 이 법에 따르면, 학교복합시설이란 학생과 지역주민이 함께 이용할 수 있는 교육·문화·복지·체육·주차 시설 등을 의미한다 ('25.1.21. 개정, '25.7.22. 시행). 개정 이전에도 이와 유사한 규정이 있었으나, 문제는 지자체의 일반행정관서와 교육청이 해당 지자체 관내의 문화·복지·체육 등의 시설의 확충에 대한 종합적인 점검과 분석 그리고 기본계획 없이 중앙정부의 예산 규모에 맞춰 사업의 개념으로 추진한 것에 있다. 보다 적극적인 노력과 충분한 예산이 뒷받침되어야 하며, 교육청과 일반행정관서의 협업이 요구된다.

이러한 구조가 가능하기 위해서는 시민들이 학교 교육을 사랑하고 존중해야 한다. 체육관을 사용하면서 시설물을 파괴하거나 담배꽁초를 버린다면 그 어떤 학교가 좋아하겠는가? 또는 교육청과 지방자치단체 간의 실질적 협력이 필수적이다. 지금처럼 교육청은 '학생 교육만 책임지고', 지자체는 '주민 복지만 담당하는' 구조로는 복합기능공간은 만들어질 수 없다. 공간은 물리적으로 하나인데 행정은 둘로 나뉘어 있기 때문에, 권한과 예산도 분절되어 있기 때문이다.

이러한 시설을 새로 만들어 갈 때 그 입지와 우선순위를 결정하는 핵심 원칙은 '학생 중심으로 공간을 설계하라'이다. 학교는 학생의 일상 공간이므로, 공공복합시설이 어디에 들어서야 하는가에 대한 원칙은 '학생 우선'이 되어야 한다. 학생은 이동이 어렵고, 이동 중 일탈과 위험에 노출되기 쉽다. 반면 성인, 특히 지역 주민은 이동의 자유가 있고 대중교통과 차량 이용도 가능하다. 따라서 문화센터, 생활체육관, 공연장, 도서관, 창작공간 등은 가능한 한 학교와 인접한 부지 또는 학교 부지 안에 조성되어야 하며, 그 활용 방안은 '학생 주간-주민 야간'이라는 시간 분할 모델 또는 프로그램 연계형 모델로 설계되어야 한다. 이때 중요한 것은 단순히 '겸용시설'을 짓는 것이 아니라, 교육시설과 복지시설이 유기적으로 결합한 통합 플랫폼을 기획하고 운영할 수 있는 역량을 공공이 보유해야 한다는 것이다.

이렇게 되기 위해서는 도시계획과 교육정책의 결합이 필요하다. 정부가 신도시를 개발하거나 지자체가 공공시설을 설계할 때, 지금처럼

'빈 땅이 있으니 채운다'는 방식의 토목적 접근은 폐기되어야 한다. 도시 안에서 학교가 어디에 위치하고, 학교 인근에 어떤 인프라가 존재하며, 주민의 접근성과 생활패턴이 어떠한지를 면밀히 분석한 뒤 예술·체육·문화시설이 일상과 자연스럽게 연결되도록 설계되어야 한다.

이러한 구조가 만들어지지 않으면, 공공시설은 또다시 낮에는 비어 있고 밤에는 닫힌 '죽은 공간'으로 전락하고 만다. 지금도 전국 각지의 체육관, 문화센터, 창작공간, 평생학습관 중 상당수가 주말에만 일부 프로그램으로 운영되고, 그 외 시간에는 유휴공간으로 방치되고 있다는 사실이 그 방증이다.

결과적으로 교육청이 독자적으로 추진하는 공간구성 및 활용 정책은 그 성과에 한계가 있다. 교육청은 공공시설 관리에 어려움이 있으며, 예술·체육·복지·문화 등의 복합기능을 통합적으로 설계·운영하는 데 필요한 전문성과 권한도 제한적이다. 따라서 교육청은 학교시설 개방과 복합화에 있어서 지자체와 공동 기획, 공동 운영, 공동 예산 편성 구조를 만들어야 하며, 필요하다면 법률상 의무 협력 구조도 고려해야 한다.

결국 학교는 단지 교육의 공간이 아니라, 지역사회 전체의 회복과 삶의 질 향상을 위한 전략 거점이 되어야 한다. 학생과 지역 주민이 함께 사용하는 예술·체육 복합 공간은 단순한 장소 공유를 넘어, 공동체를 회복하고 세대 간 연결을 회복하는 공간 정치의 실현이다. 이제는 학교를 중심으로 도시를 설계하고, 교육을 중심으로 삶의 질을 재구성하는 시대로 전환해야 할 때다.

7. 지역사회 기반의 괜찮은 공공서비스 일자리 창출이 가능하다

문화 · 예술 · 체육의 공공성 확대는 단지 복지적 혜택을 제공하는 것을 넘어, 지속 가능한 지역 기반 일자리를 창출하는 전략이기도 하다. 지금까지 우리는 예술인과 체육인을 안정된 고용의 틀 안으로 편입시키지 못했고, 그 결과 상당수가 사교육 시장이나 영세 자영업 시장으로 유입되었다. 그들은 학원 강사, 피트니스 운영자, 개인레슨 교사 등으로 분산되어 생계를 유지해 왔고, 이는 고용불안과 폐업, 그리고 과잉 경쟁으로 이어지는 악순환을 만들어 냈다.

이러한 상황은 단지 개인의 문제가 아니라, 공공의 역할 부재로 인해 초래된 구조적 문제이다. 원래 예술과 체육 분야에서 활동하는 이들은 공공의 인프라 안에서, 공공의 목적을 위해, 안정적인 직업을 가질 수 있어야 했다. 학교와 지역사회의 예술교육 프로그램을 기획하고 운영하는 문화예술교육사; 생활체육 프로그램을 통해 시민의 건강을 책임지는 체육 지도자; 공공시설을 매개로 커뮤니티 활동을 지원하는 문화복지 기획자; 청소년, 고령자, 장애인을 위한 특화 체육 · 예술 활동을 운영하는 전문 활동가 등은 모두 지역사회가 반드시 필요로 하는 필수 공공서비스 인력이다.

하지만 우리는 이들을 '사회적 일자리'라고 부르며, 본질적 가치를 평가절하하거나, 때로는 예산에 따라 탄력적으로 고용하고, 낮은 임금과 비정규직 조건을 감수하도록 만드는 구조로 다루어 왔다.[*] 이제는 시각을 전환해야 한다. "사회적 일자리"라는 표현은 어쩐지 '억지로 만들어낸 일자리'라는 인식을 준다. 공공기관의 책임을 회피한 채, 일시적, 프로젝트형, 또는 한시적 재정지원 사업으로 간주되어 왔던 이 일자리는 사실상 국가와 지역사회의 지속 가능성을 유지하기 위한 핵심 직무를 수행해 온 것이다. 따라서 더 이상 이들을 보조적 일자리, 한시적 정책사업의 부산물로 간주해서는 안 된다.

이들은 '사회적 일자리'가 아니라, 공공서비스 일자리(Public Service Employment)이다. 병원이 의사를 필요로 하듯이, 학교가 교사를 필요로 하듯이, 지역은 예술 강사와 체육지도자, 문화기획자와 복지조정자를 필요로 한다. 이러한 직종은 단순히 실업 해소용 일자리도 아니고, 고용유지 대책도 아니며, 국가가 제공해야 할 기본 서비스의 집행자인 것이다.

---

* 고용노동부가 관장하는 법률에 「사회적 기업 육성법」이 있다. 이 법은 사회적 기업을 취약계층에게 사회서비스 또는 일자리를 제공하거나 지역사회에 공헌함으로써 지역 주민의 삶을 높이는 등의 사회적 목적을 추구하면서 재화 및 서비스의 생산·판매 등 영업활동을 하는 기업으로 정의한다. 핵심은 취약계층에 대한 사회서비스이다. 이러한 관점은 전통적 사회보장제도의 시각이다. 사회보험, 공공부조, 사회서비스가 그것이다. 그러나 이 책이 계속 강조하듯이 이러한 협소한 시각에서 탈피해야 한다.

이 구조가 제대로 작동하면, 두 가지 매우 중요한 사회적 효과를 기대할 수 있다.

첫째, 무분별한 자영업 진입을 억제할 수 있다. 지금은 예술·체육 분야의 전공자들이 교사가 되지 못하면 자영업 형태로밖에 생존할 수 없는 구조에 놓여 있다. 이들은 비싼 임대료를 감당하며 가게를 열지만, 안정적 수입을 보장받지 못하고, 결국 폐업을 반복하는 악순환에 놓이게 된다. 공공서비스 일자리가 제도적으로 확장되면, 이들이 자영업자가 아닌 공공의 일원으로 안정적으로 활동할 수 있게 되어, 자영업 포화 상태와 그로 인한 부동산 임대 수요도 함께 완화될 수 있다.

둘째, '사장 같지 않은 사장'이 되는 현실을 막을 수 있다. 수많은 사람들이 자영업자로 등록하지만, 실제로는 월세 내고 알바 고용하고, 자신은 수익보다 책임만 떠안는 처지에 있다. 이는 실질적인 자율성과 소득이 없는, 이름뿐인 사장일 뿐이다. 공공서비스 일자리 체계는 이들이 지속 가능하고 공공의 신뢰를 바탕으로 활동할 수 있는 플랫폼을 제공함으로써, 양질의 직업 경로를 복원한다.

이러한 일자리가 가능하기 위해서는 다음과 같은 정책적 전환이 필요하다. 지역의 각종 문화재단이나 국민체육진흥공단 등 기존 기관에 공공 고용 기능을 명시적 부여하고, 교육청-지자체-시민사회 간 협력 구조 속에서 일자리 운영 주체를 다양화하며, 무엇보다 지속 가능한 예산 구조를 확보하는 것이다. 즉, 일회성 공모사업이나 정부 프로젝트가 아니라, 국가 및 지방정부가 지속적으로 보장해야 할 고유한 책무로 이 직종들을 제도화하는 것이 핵심이다.

결국, 문화·예술·체육의 공공성 확대는 그 자체로도 중요하지만, 이를 공공 고용 전략으로 전환하는 것은 한국 사회가 현재 직면한 자영업 과잉, 부동산 편중, 비정규직 양산, 지역 불균형의 해법과도 직결된다. 이제는 새로운 고용 전략, 새로운 공공의 역할이 요구된다. 예술가와 체육인이 '정상적으로' 일하고 '정당하게' 보상받는 구조, 그리고 이들의 활동이 시민의 삶을 풍요롭게 하고 공동체를 회복시키는 기반이 되는 사회. 이것이 바로 공공성 회복의 가장 실천적이며 지속 가능한 길이다.

8. 모든 국민이 문화를 누리는 사회, 이것이 진정한 문화강국이다

한 나라의 품격은 GDP나 군사력, 수출 규모만으로 결정되지 않는다. 그 나라의 시민이 어떤 삶을 살고 있는가, 삶의 결 안에서 무엇을 누리고 있는가, 바로 그것이 진정한 국가의 수준을 말해 준다.

대한민국은 이제 경제적으로는 분명 선진국 반열에 올랐다. 그러나 우리 사회는 아직도 문화·예술·체육을 '특별한 사람만이 누리는 것', '돈이 있어야 접근 가능한 것', '시간과 여유가 있는 일부 계층의 사치'로 여기는 시선을 벗어나지 못하고 있다. 이 장(章)이 말하고자 한 바는 바로 그 구조의 전환이다. 바뀌어야 한다.

문화 · 예술 · 체육은 인간다운 삶의 일부이며, 단순한 여가나 소비가 아니라 존재의 방식이자 삶의 언어이다. 학교체육, 생활체육, 엘리트 체육이 단절되지 않고 연결되어야 하듯, 생활예술, 영재교육, 직업예술도 하나의 생태계로 이어져야 한다. 지역사회는 예술과 체육의 장이 되어야 하고, 학교는 지역의 중심이 되어야 하며, 공공서비스 일자리는 이 생태계를 실질적으로 운영할 수 있는 사람들에게 정당한 자리를 제공해야 한다.

김구 선생님은 해방 이후 우리가 바라는 나라는 '문화의 힘이 넘치는 나라'라고 말했다. 이는 단지 K-Culture의 글로벌 성공을 말하는 것이 아니었다. 그분이 말한 문화강국은, 국민 한 사람 한 사람이 고르게 문화적 감수성과 창조적 삶을 누리는 나라라고 생각된다. 문화의 힘은 우리 자신을 행복하게 할 뿐만 아니라, 남에게 행복을 줄 수 있는 것이다. 그 철학은 지금도 유효하다.

만약 우리가 사는 곳에서 가까운 도서관에 가서 책을 읽고, 저녁엔 동네 학교나 근처 공공 체육관에서 운동을 하고, 주말엔 지역문화센터에서 악기를 연주하거나 그림을 그릴 수 있다면? 이러한 삶이 바로 문화강국이다. 국민 모두가 적어도 한두 가지의 악기를 다루고, 좋아하는 스포츠를 즐기고, 자유롭게 그림을 그리고 표현하는 사회. 그것이 진정한 선진국의 모습이 아닌가.

이러한 사회를 실현하는 데에는 제도와 투자, 운영체계가 필요하다. 문화·예술·체육을 단지 결과물로 소비하는 것이 아니라, 삶 속에서 실천하고 표현하고 향유할 수 있도록 만드는 공공 기반이 필수적이다. 우리가 제안하는 것은 바로 그 공공성의 회복이며, 단순한 시혜가 아닌 문화적 권리로서의 보장 체계다.

이 장(章)에서 제시한 변화는 사교육 구조의 전환이라는 부차적 성과를 넘어, 국민 모두가 예술을 창작하고 체육을 즐기며 문화적 삶을 영위하는 사회, 즉 삶 그 자체가 예술이고 운동이며 공동체인 사회로 나아가는 실질적 비전이다. 그것이 진정한 문화복지국가, 문화강국의 길이다.

9. 지방자치의 본래 취지 구현을 위해서는 교육청과 일반행정관서의 협력이 필수적이다

대한민국은 지방자치제도를 통해 지역의 문제를 지역이 해결할 수 있도록 하고자 했다. 그러나 현실은 이원화된 행정 체계, 특히 교육청과 일반행정관서 간의 기능 중복과 협력 부재로 인해, 오히려 지역사회 서비스의 효율성과 품질이 저해되고 있다. 그중 가장 명확한 사례가 바로 학교 밖 교육·복지·문화서비스 영역에서 나타난다.

지방자치 현장에서 우리는 다음과 같은 시설들이 서로 다른 주체에 의해 운영되고 있음을 목도한다.

- 어린이집(지자체)과 유치원(교육청)
- 어린이회관(지자체)과 학생회관(교육청)
- 어린이수영장(지자체)과 학생수영장(교육청)
- 시도예술회관(지자체)과 학생예술회관(교육청)
- 어린이안전체험관(지자체)과 학생안전체험관(교육청)
- 시도과학관(지자체)과 학생과학교육원(교육청)
- 청소년수련원(지자체)과 학생수련원(교육청) 등

이처럼 명칭만 다르고 대상과 기능은 유사한 시설들이 서로 다른 행정기관에 의해 중복 운영 되고 있는 현실은, 공공자원의 낭비, 전문성의 분절, 접근성과 책임의 불명확성을 초래하고 있다.

이러한 구조를 넘어서기 위해서는 행정의 재편성이 필요하다. 그 핵심은 다음과 같다. 첫째, 교육청은 학교라는 물리적 공간에서 이루어지는 교육 활동에 집중한다. 교과교육, 진로·진학지도, 방과 후 학교, 특수교육, 교직원 연수 등으로서 학교 안에서 벌어지는 활동의 질과 전문성 향상이 주요 책무이다.

둘째, 학교 밖의 교육적 지원 서비스는 지자체의 일반행정기관이 주관한다. 체험활동, 예술·체육 프로그램, 안전교육, 과학 체험, 지역문화 향유, 청소년 활동 등으로서 이는 일반 복지, 문화, 체육과의 연계 속에서 운영되는 것이 더 전문적이고 효율적이다.

셋째, 이때 학교는 학교 밖 시설을 필요시 자유롭게 이용할 수 있는 권한을 갖고, 해당 시설은 학생의 접근을 보장할 의무를 갖는다. 단, 학생 대상 프로그램 운영 시에는 교육청과 협의를 거쳐야 한다. 이는 시설의 공공성을 유지하면서도 학교와 지역사회 간의 연계성을 강화하는 방식이다. 이러한 기능 분담은 단순한 행정 조정이 아니라, 지방자치의 본래 취지인 지역 주민 중심의 통합 서비스 제공, 책임 있는 행정, 중복예산 방지를 실현하는 구조이다.

지금까지의 협력 모델은 대부분 '간헐적 협의', '공문 협조 요청' 수준에 머물렀다. 그러나 진정한 협력은 공동 기획, 공동 예산, 공동 운영, 나아가 통합적 관리 체계를 포함해야 한다. 이미 '유·보 통합'에서 이러한 협력이 이미 시작되었다. 선순환의 모델이 만들어져야 할 것이다.

이와 같은 전환은 단지 행정 효율의 문제가 아니라, 학생과 시민의 권리를 보장하는 문제다. 어린이는 '어린이회관'에서만 활동할 수 있는 것처럼 느껴지고, 학생은 '학생회관'에서만 활동할 수 있는 것처럼 느껴진다. 사실은 그러하지 않음에도 말이다. 주관하는 기관이 다르다 보니 명칭만 다를 뿐 실질은 사실 대동소이하다.

이제는 '누가 운영하는가?'가 아니라 '누구를 위해 운영되는가?'가 중요하다. 같은 어린이와 학생을 대상으로, 같은 서비스를 제공하면서, 다른 건물을 짓고, 다른 인력을 배치하고, 다른 예산을 투입하는 체계를 유지할 이유는 없다.

결론적으로 교육청과 일반행정기관은 역할을 나누되, 목표는 공유해야 한다. 교육청은 학교 안 교육의 질을 높이는 데 집중하고, 일반행정기관은 학교 밖의 생활교육, 체험교육, 문화 향유의 기반을 공공적으로 설계하고 운영해야 한다. 학교는 이들 시설에 대한 이용권을 갖고, 해당 시설은 학생에 대한 개방 의무를 지닌다. 이 과정에서 교육청과의 상호 협의 구조가 법·제도적으로 뒷받침되어야 한다. 이러한 구조가 정착될 때, 우리는 비로소 행정의 이원성을 넘어선 실질적 지방자치, 그리고 교육의 공공성과 지역사회의 공공성의 조화로운 구현을 이룰 수 있다.

제7장

사회기반시설로서의 보건·의료 시스템

의료는 인간의 생명을 다루는 가장 민감한 사회영역이자, 공동체 신뢰의 척도이다. 그러나 한국의 의료 시스템은 '의료인 = 자영업자'라는 전제 위에 설계되어 왔고, 개인병원 중심의 1차 진료체계는 과잉 진료, 보험 재정 악화, 의료 인력의 불균형, 그리고 부동산 수요까지 광범위한 왜곡을 초래하고 있다. 이러한 시스템은 초기에는 병원 접근성을 획기적으로 높였지만, 이제는 의료공공성을 위협하는 구조로 작동하고 있다.

이 장에서는 의료를 단순한 서비스나 산업이 아닌 '사회 기반시설(Social Infrastructure)'로 재정의하고, 이를 기반으로 공공성을 재구조화하는 방식의 새로운 의료 질서를 제안한다. 여기서 말하는 공공은 단순히 국가 소유의 병원 설립에 그치는 것이 아니라, 사회적 책임과 공적 통제의 원리에 따라 작동하는 운영 구조를 의미한다. 예를 들어, 민간 병원이라 하더라도 감염병 위기 시 병상을 감염병 환자에게 우선 배정하는 것, 지방에서도 서울의 대형병원과 협력 진료가 가능하도록 하는 체계 구축 등은 모두 공공성 실현의 한 축이다.

이 장에서 제안하는 보건권은 단순히 병원 진료를 보장하는 권리가 아니라, 생애 전 주기적 건강관리, 지역 간 균형 잡힌 의료 접근성, 공공성과 시장성의 균형 위에 선 보건의료 시스템에 대한 권리이다. 국가는 이를 보장할 책임이 있으며, 국민은 건강한 삶을 누릴 권리가 있다. 보건권은 국민 개개인의 건강권을 실현하는 데 필수적인 요소이다.

1. 의료는 상품이 아니다

의료는 단순히 공급자와 수요자 사이의 계약으로 성립되는 일반 상품이 아니다. 의료는 인간의 생명이라는 가장 근본적이고 고귀한 가치를 다루는 영역이며, 그 특성상 일반 시장에서의 자유경쟁 논리만으로는 결코 제대로 작동할 수 없다. 의료는 정보의 비대칭성이 극심하고, 긴급성과 불확실성이 높으며, 선택의 자유마저 제한된 구조를 가지고 있다. 따라서 의료는 사회 전체가 공동으로 책임지고 보장해야 할 공공재로서, 누구나 차별 없이 접근할 수 있어야 하는 기본권에 속한다.

의료의 본질이 이처럼 인간 생명에 대한 배려와 공동체적 책임 위에 서 있음에도 불구하고, 한국 사회는 오랫동안 의료를 산업 또는 서비스의 관점에서만 바라보는 경향이 강했다. 그 결과, 의료기관은 수익 창출의 공간으로 변질되었고, 의료인은 경쟁적 시장 속의 공급자로서 기능하게 되었다. 그러나 의료는 단순한 수익 행위가 아니라, 생명과 직결된 행위이며, 공공적 신뢰를 기반으로 유지되어야 한다.

지방의 소멸이 우려되는 여러 요인 가운데, 의료서비스의 격차는 매우 중요한 문제이다. 지역 간 의료 접근성이 현격히 차이 나면서, 사람들은 질 높은 진료를 받기 위해 수도권이나 대도시로 이동하고, 이는 다시 지방 인구의 이탈로 이어진다. 읍면 단위에까지 기본적인 진료조차 보장받기 어려운 현실은 개인의 건강권 침해일 뿐만 아니라 지역사회의 붕괴로도 연결된다. 이제는 전국 어디에 살든 누구나 적정한 수준의 의료서비스를 누릴 수 있어야 한다. 이러한 접근성의 균형을 위해 AI 기술의 접목, 원격의료의 단계적 도입, 모바일 헬스케어 서비스 등 혁신적 기술과 제도를 조화롭게 설계할 필요가 있다.

이러한 맥락에서 의사라는 직업이 오랫동안 '선생님'이라는 호칭으로 불려 온 이유는 단순한 전문성이 아니라, 생명을 다루는 공공적 책임을 지닌 존재로서 사회적 존경을 받아왔기 때문임을 이해해야 한다. 의사는 단지 의료행위를 하는 기술자가 아니라, 공적 책무를 지닌 전문직으로서, 사회적 신뢰와 존경의 대상이 되어야 하며, 그만큼 사회는 의료인이 공공적 책무를 다할 수 있도록 제도적 기반을 마련해야 한다.

결국 의료는 상품이 아니라 사회가 함께 유지하고 신뢰를 통해 작동시켜야 하는 공공적 제도이다. 이 인식을 바탕으로 의료체계를 재설계하지 않는다면, 의료의 본질은 점점 더 훼손되고, 국민의 생명과 건강은 시장 논리 속에 방치될 수밖에 없을 것이다.

2. 부동산과 결합된 의료, 개인병원 중시 체계가 만들어 낸 구조적 왜곡의 모습이다

한국의 의료 시스템에서 개인병원이 1차 진료를 담당하는 구조는 그 시작점에서는 긍정적인 성과를 가져왔다. 병원 접근성을 비약적으로 높였고, 의료 인프라가 부족했던 시기에 국민 누구나 가까운 거리에서 진료를 받을 수 있는 환경을 만들어 냈다. 이러한 시스템은 외국에서도 주목할 만큼, '병원을 쉽게 갈 수 있는 나라'라는 평판을 얻게 했다.

그러나 문제는 이 시스템이 지속 가능한 방식으로 설계되지 않았다는 데 있다. 개업의 중심의 의료 공급 체계는 결국 시장 경쟁 속에서 자율적으로 움직이도록 방치되었고, 이는 의료의 공공적 질서를 교란시키는 주요 원인이 되었다. 1차 진료기관들이 서로 경쟁에 내몰리면서, 이제는 종합병원에 버금가는 고가의 장비와 시설을 구비하는 것이 일반화되었다. 병원의 창업은 단순한 진료기관의 개설이 아니라, 고가 장비를 렌트하거나 구입하는 거대한 투자 행위가 되었고, 그에 따른 수익 회수 압박은 과잉 진료와 검사로 이어질 수밖에 없었다.

이러한 구조에서 병원은 '건강한 공간'이 아니라 '수익을 내야만 하는 장소'가 되었고, 의료인은 치료자이자 동시에 사업자가 되었다. 특히 병원 개업은 부동산 시장의 일환으로 간주되면서, 한때 '병원 건물'은 상가 중에서도 '불패의 투자처'로 인식되었다. 1층은 약국, 2층은 정형외과, 3층은 내과, 4층은 소아청소년과가 입점한 식의 건물 구조는 흔한 형태였고, 병원은 임대료와 운영비를 감당하기 위한 경제 단위로 기능하게 되었다.

이 과정에서 의료 질서의 왜곡은 더욱 심화되었고, 그 부담은 고스란히 국민과 국가 건강보험 재정으로 전가되었다. 과잉 검사, 불필요한 진료, 일회용 소모품의 남용 등은 의료의 상업화를 부추기며, 진료비 총액을 가중시켰다. 여기에 실손보험이 결합되면서 구조는 더욱 악화되었다. 실손보험은 개인이 부담해야 할 진료비를 사실상 면제해주면서, 소비자의 의료 이용을 무한대로 자극하고, 공급자에게는 과잉 진료의 유인을 제공하였다. 환자는 손해 보지 않는 진료를 선호하고, 의사는 검사와 처치 수를 늘려야 유지되는 운영비 구조에 내몰리며, 이로 인해 의료는 점점 상업적 소비재처럼 변질되고 있다.

이러한 개인병원 중심의 1차 진료체계는 더 이상 유지 가능한 모델이 아니다. 이제는 1차 진료의 공공적 기반화, 즉 보건소, 생활 의학 중심의 클리닉, 독립적 약국 등으로 기능을 분화하고, 경쟁이 아닌 연계와 협력 중심의 시스템으로 전환해야 할 시점이다. 의료는 부동산이 아니라 공공복지의 핵심 기반이며, 이 전환은 단지 병원의 문제를 넘어서 사회 전체 신뢰의 회복과 지속 가능한 건강보장체계 구축이라는 더 큰 틀 속에서 이뤄져야 한다.

3. 전문의 양성의 목적은 공중보건이어야 한다

전문의 제도는 원래 고도의 전문성과 공공성을 갖춘 인력을 양성하여, 중증 환자 진료와 필수 진료과목의 안정적 확보를 목표로 설계된 것이었다. 그러나 오늘날의 전문의 양성 시스템은 이러한 공적 사명을 상실한 채, 개원(開院)이라는 사적 성공을 위한 통과의례로 전락하고 있다. 수련의들은 긴 시간의 고된 노동을 견디며 결국 '개업할 수 있는 면허'를 얻기 위해 전문의 자격을 취득한다. 공공의료기관이나 지역보건기관에 머무르는 것은 경력의 완성이 아니라 일시적인 경유지일 뿐이며, '개업이 곧 보상'이라는 인식이 구조적으로 고착화되어 있다.

실제로 대형병원의 과장이 되는 것조차도 최종적인 목표는 아닌 경우가 많다. 오히려 개업이야말로 그간의 고생을 경제적으로 보상받는 길로 여겨진다. 이는 단지 개인의 선택의 문제가 아니라, 현재의 의료 시스템이 전문의의 최종 목적지를 '자영업자'로 설계해 버린 구조 때문이다. 의사들이 개업을 택하지 않으면 생계가 어려워지는 현실, 병원 내 전문직으로는 지속 가능한 커리어 설계가 어렵다는 시스템, 그리고 공공 영역에서의 지원 부족은 전문의의 진로 선택을 왜곡시킨다.

여기에 또 하나의 구조적 문제는 대형병원의 진료 환경과 법적 위험이다. 대형병원은 중증 환자를 많이 다루기 때문에 의료사고의 위험이 높고, 이는 환자의 고소·고발로 이어질 가능성 또한 크다. 의사들은 자신의 실수뿐 아니라 불가항력적 상황에서도 소송의 대상이 되며, 상당한 정신적·경제적 부담을 떠안는다. 이러한 현실은 많은 전문의들이 대형병원을 기피하고, 상대적으로 위험이 적은 개원으로 나아가는 배경이 된다. 특히 외과, 산부인과, 응급의학과 등 고위험 진료과는 더욱 기피되고 있으며, 이로 인해 해당 과목은 전문의 수급 자체가 무너지는 위기에 직면해 있다. 의료사고에 대한 사회적 면책 구조 없이 공공 진료과목을 정상화한다는 것은 사실상 불가능한 일이다.

그러나 개업의 길도 결코 평탄하지만은 않다. 의료기관 간 경쟁은 치열하며, 결국 환자 유치와 수익 창출을 위한 마케팅, 고가 장비 도입, 상권 분석 등이 의료의 본질을 압도하게 된다. 의료인은 치료자가 아니라 투자자로 변모하고, 의학적 판단은 재무적 판단에 종속된다. 자연스럽게 대도시 중심의 병원 밀집과 농어촌·소외지역의 의료 공백이 발생하며, 피부과, 성형외과 등 수익성 높은 과목으로의 전문의 쏠림 현상이 심화된다. 이는 의료 인력의 지역 불균형, 진료과목별 편중, 공공의료의 약화라는 다층적 위기로 연결된다.

이러한 왜곡된 구조를 바로잡기 위해서는, 전문의 양성과 진로 구조를 '자영업 성공'이 아니라 '공중보건 기여'라는 본래 목적에 맞게 재설계해야 한다. 공공의료기관과 지역 기반 병원에서 장기적 경력을 설계할 수 있는 구조, 중증 진료과에 대한 법적 방호와 충분한 보상, 그리고 일정 기간의 공공복무제나 지역 봉사제를 제도화하는 방안이 함께 검토되어야 한다.* 전문의는 단지 개업을 위한 인증서가 아니라, 국민 건강을 위한 공적 책무를 수행할 수 있도록 준비된 전문가여야 한다. 그것이 전문직에 대한 사회적 신뢰를 회복하는 길이기도 하다.

4. 공공의 의미는 '정부 소유'가 아니라 '운영 원리'이다

우리 사회에서 '공공의료'라는 말이 등장할 때, 많은 사람들은 곧장 '정부가 직접 병원을 짓고 운영하는 것'을 떠올린다. 이는 어느 정도 맞는 말이지만, 공공의료의 진정한 의미를 지나치게 협소하게 해석한 결과이기도 하다. 물론 국가나 지방자치단체가 직접 재원을 투입해

---

* 「의료법」 제11조에는 보건복지부 장관이 면허를 내줄 때 3년 이내의 기간을 정하여 특정 지역이나 특정 업무에 종사할 것을 면허의 조건으로 붙일 수 있도록 하고 있다. 사실 의대 정원의 단초가 되었던 의료 인력의 배분 문제는 이 11조를 개정함으로써 상당 부분 해결할 수 있었다. 예를 들면, '5년 이내의 기간을 정하여'라고 개정할 수 있었던 것이다. 이와 관련하여 최근 논의되는 '지역 의사제'가 해법이 될지는 역시 의문이다. 지역 의사 자격을 신설하여 일반의사와 별도의 track으로 운영하는 것이 바람직한지 의문이다.

병원을 설립하고 운영하는 방식은 공공의료의 한 형태다. 그러나 그것만이 유일한 방식은 아니며, 오히려 공공의 본질은 '소유'가 아니라 '운영의 원리와 사회적 책임'에 있다고 보는 것이 더욱 중요하다.

이러한 오해는 때때로 극단적인 논쟁을 낳는다. 한편에서는 공공의료 확대를 주장하며 정부가 직접 병원을 더 지어야 한다고 말하고, 다른 한편에서는 과거 공공병원의 비효율이나 폐쇄 사례를 언급하며 공공의료 자체에 반대한다. 실제로 일부 도립병원이나 지방의료원은 운영의 비효율, 의료 인력 부족, 지역주민의 외면 등으로 제 기능을 하지 못했고, 어떤 지자체는 아예 병원을 폐쇄하기도 했다.* 이러한 현실은 공공의료가 반드시 효과적이거나 자동적으로 공공성을 담보하는 것이 아니라는 사실을 보여 준다.

그러나 그렇다고 해서 공공의료가 무용하다는 주장은 또 다른 오류를 낳는다. 우리가 추구해야 할 방향은 단순한 '정부 병원 늘리기'가 아니라, 공공적 역할을 수행할 수 있는 의료기관의 운영 원리와 사회적 책임을 중심으로 의료 시스템을 설계하는 것이다. 다시 말해, 공공성은 '누가 소유했는가?'가 아니라 '어떻게 운영되고 있는가?', '어떤 기준과 책임하에 서비스를 제공하고 있는가?'를 기준으로 판단해야 한다.

---

* 경상남도 도립 진주의료원이 2013년 폐쇄된 바 있다.

예를 들어, 코로나19와 같은 감염병 위기 상황에서 민간병원이 병상을 감염병 환자에게 제공하거나, 국가와 협약을 통해 병상을 전환해 운용한 사례는 공공의료의 대표적 실천이다. 이들은 국공립 병원이 아님에도 불구하고, 사회 전체의 안전과 공익을 위해 일정 기간 동안 사익을 유보하고 공공적 책무를 수행한 것이다. 이러한 민간 의료기관의 공공적 기능 수행은 공공성이 소유 형태에 있지 않음을 명확히 보여 주는 사례다.

따라서 공공의료의 정의는 보다 유연하고 실질적인 기준으로 접근해야 한다. 국공립 병원만을 공공의료기관으로 간주하는 이분법적 사고를 벗어나, 민간병원이라도 일정한 공공 운영 원칙을 따르고, 사회적 위기나 지역 건강 격차 해소에 기여할 수 있다면 공공적 역할을 수행하는 주체로 인정받을 수 있어야 한다. 이를 위해서는 민간 의료기관과의 제도적 협력, 공공기준 준수에 따른 인센티브 제공, 지역사회 기반의 통합적 보건체계 구축 등 다양한 정책 수단이 동원되어야 한다.

공공의료를 둘러싼 논의가 성숙해지기 위해서는 '공공'이라는 개념 자체에 대한 사회적 합의부터 새롭게 정립되어야 한다. 공공은 단지 국가의 소유물이 아니라, 공동체 전체의 안전과 권리를 지탱하는 운영 방식의 원리이며 사회적 책임의 체계이다. 이 원리가 제대로 작동할 때, 비로소 공공의료는 국공립 병원이든 민간병원이든 구분 없이 시민의 건강을 지키는 제도로 자리 잡을 수 있다.

5. 1차 진료체계를 다원화해야 한다

한국의 의료체계에서 1차 진료기관은 민간 개인병원이 사실상 독점해 왔다. 이 구조는 병원 접근성을 크게 높였다는 긍정적 효과도 있었지만, 동시에 의료의 상업화, 과잉 진료, 의료자원의 지역 불균형이라는 심각한 문제를 낳았다. 이제는 의료서비스의 첫 관문이 되는 1차 진료체계를 공공기반 위에서 재편성할 필요가 있다. 이는 단순한 국공립 병원의 확충이 아니라, 가정의, 치과, 약사, 클리닉, 보건소 등 다양한 주체들이 서로 역할을 분담하면서 유기적으로 작동하는 건강관리 생태계를 만드는 일이다.

우선, 가정의 제도와 주치의 제도의 정착이 필수적이다. 가정의는 지역 주민의 건강을 장기적으로 관리하고, 질병의 예방, 초기 진단, 치료 후 추적관리까지 연속적인 의료서비스를 제공한다. 주치의는 환자가 의료체계 내에서 혼란을 겪지 않도록 안내하는 역할을 수행하며, 특히 만성질환자나 노인 환자의 건강관리에 필수적이다. 그러나 현재 한국의 1차 진료는 주치의 개념이 거의 작동하지 않으며, 환자는 증상에 따라 병원을 수시로 옮겨 다닌다. 이는 의료비 증가와 환자–의료인 간 신뢰 저하로 이어진다.

여기에 더해, 1차 진료의 공공성을 확장하려면 의약분업 체계의 개편과 약사(藥師)의 역할 확대가 병행되어야 한다. 현재 6년이라는 매우 긴 시간을 공부해야 약사라는 전문자격을 취득하는 약사는 의사의 처방에 따라 약을 조제하는 기능인으로 역할이 제한되어 있다. 하지만 외국에서는 약사가 건강상담자이자 의료정보 제공자 역할을 수행한다. 외국의 약국은 의약품뿐 아니라 각종 위생용품, 건강보조제, 간단한 의료기구 등을 함께 판매하며, 일반의약품은 처방전 없이도 구입 가능하다. 약사는 '이 약을 며칠 복용해도 차도가 없으면 반드시 병원에 가보라'고 권유할 수 있을 만큼 자율성과 전문성을 갖춘 존재이다. 이러한 약국 시스템은 경증 환자에 대한 과잉 진료를 줄이고, 의료비를 절감하며, 환자의 접근성과 만족도를 동시에 높일 수 있다.

클리닉은 이 체계에서 생활의학과 경증 질환 진료를 전담하는 중간 기관으로 기능할 수 있다. 고가 장비나 복잡한 처치가 필요한 진료는 아니지만, 단순한 감기, 알레르기, 스트레스 증상, 수면장애, 만성 피로 등 삶의 질과 관련된 건강 문제에 대해 전문적이고 따뜻한 접근을 제공할 수 있는 공간이 되는 것이다. 이는 의사 중심의 무거운 병원 시스템과는 다른 접근이며, 오히려 많은 시민들이 신뢰와 편안함 속에서 접근할 수 있는 1차 진료 대안이 된다. 클리닉은 간호사, 물리치료사, 영양사 등 다양한 직역이 협업하는 방식으로 운영되어야 하며, 특히 건강 상담, 운동처방, 수면위생 교육, 정신건강 초기 도움 등에서 중요한 역할을 할 수 있다.

이와 함께, 보건소는 지역 공공의료의 허브로 재구성되어야 한다. 지금까지의 보건소는 행정 기능과 건강검진 위주의 제한된 업무에 머물러 있었지만, 앞으로는 예방·상담·생활관리 중심의 통합 건강관리기관으로 진화해야 한다. 간호사, 심리상담사, 물리치료사, 영양사, 운동 지도사 등 다양한 전문가들이 상주하며, 저소득층이나 고위험군, 노인, 청소년 등을 위한 맞춤형 건강서비스를 제공하는 체계로 나아가야 한다.

응급의료 체계도 강화되어야 한다. 현재 많은 사람들이 처방전을 받기 위해 병원을 방문하며, 실제 의료적 개입이 필요한 시간이 1분도 채 걸리지 않는 경우가 많다. 이처럼 형식적인 진료에 의료자원이 낭비되면, 응급 환자나 진짜 위기 상황에서 신속한 대응이 어려워진다. 앰뷸런스 시스템은 단순 이송을 넘어서, 의료적 분류와 조기 개입이 가능한 체계로 설계되어야 하며, 1차 진료기관과 연계된 지역 공공응급센터와의 네트워크가 필수적이다.

결국, 의료의 첫 관문이 되는 1차 진료는 더 이상 '의사 개인의 진료실'만으로 정의되어서는 안 된다. 약사와 약국, 간호사가 운영하는 건강 클리닉, 공공보건소와 응급 시스템, 그리고 가정의와 주치의 체계가 서로 연결되어 작동할 때, 의료는 비로소 공공성과 효율성을 함께 갖춘 지속 가능한 체계로 진화할 수 있다. 국민 건강의 기본권은 이런 복합적 구조 속에서 실현되어야 한다.

6. 본격적 치료는 (상급)종합병원이 중심이 되어야 한다

오늘날 한국의 의료체계는 '2차 병원', '3차 병원'이라는 제도적 분류를 유지하고 있지만, 실제 의료 현장은 이미 그 경계를 넘어서는 기능적 혼란에 직면해 있다. 상급종합병원은 경증 환자까지 몰리며 외래 진료는 과밀 상태에 이르고, 지역 중소병원은 인력 부족과 장비 미비로 제 기능을 수행하기 어려운 구조이다. 이로 인해 중증 환자의 신속한 진료, 협업 진료, 감염병 대응 등 의료시스템의 핵심 기능이 약화되고 있다.

이제는 제도적 분류보다 기능 중심의 병원 체계로 재편해야 하며, 그 핵심은 종합병원과 상급종합병원의 전국적 확충이다. 이들 종합병원은 단순히 큰 병원이 아니라, 다양한 전문 진료과, 필수 장비, 응급수술 인력, 감염병 병상, 야간진료 체계, 협진 시스템을 갖춘 지역 의료의 중심축이어야 한다. 그리고 지금보다도 훨씬 더 많은 (상급)종합병원이 필요하다. 병원급은 줄이고, 상급종합병원은 더 늘려야 할 것이다.

특히 감염병 위기에 대응할 수 있는 병상과 시스템은 중소병원이나 의원급 병원으로는 해결이 불가능하다는 점이 분명히 드러났다. 코로나19 사태는 그 진실을 명확히 보여 주었다. 당시 반복되던 뉴스 중 하나는 '병상 부족으로 더 이상 감염병 환자를 수용할 수 없다'는 것이었고, 많은 종합병원이 병상 포화 상태에 직면한 채 행정명령에 의존하여 대응할 수밖에 없었다. 중규모 병원이나 개인병원의 병상은 대부분 수익을 위한 외래 진료·입원 보조 수단에 불과하며, 감염병과 같은 공공보건 위기에는 실질적으로 쓸 수 없는 구조라는 것이 확인되었다. 감염병 대응 능력은 병상 수 자체보다도 격리 병상 설비, 음압 장비, 중환자실 운영 능력, 감염관리 조직과 인력의 집약적 확보에 달려 있으며, 특히 중증환자는 오직 상급종합병원 정도의 병원에서만 실현 가능하다.

이러한 병원 체계는 단순 확충을 넘어 전국적 배치 전략이 동반되어야 한다. 수도권과 광역시에 집중된 상급병원은 인구 분포와 건강 위험의 지역 불균형을 방치한 결과이며, 중소도시와 농산어촌에도 인구수, 고령화율, 응급이송 시간, 감염병 위험도 등을 기준으로 종합병원이 공공적 기준에 따라 배치되어야 한다. 이때 인구가 적은 중소도시에는 진료과목은 다수이고, 병상(病床) 수는 적어도 되는 그런 종합병원도 설치가 될 수 있는 방법도 모색해야 할 것이다.[*]

또한 응급 상황에 대응할 수 있는 닥터헬기, 고속응급차량, 지역 응급의료센터 네트워크 등도 종합병원과 연계하여 전국적으로 촘촘하게 설계되어야 한다. 이는 단순히 생명을 구하는 문제를 넘어서, 의료 시스템 전반의 신뢰 회복과 지역 간 건강 격차 해소에도 결정적인 역할을 한다.

---

[*] 의료법에서는 종합병원이 되기 위해서는 최소 진료과목이 7개 이상, 병상 수는 100~299개라는 기준을 충족해야 한다.

이와 함께 종합병원의 진료체계 자체도 재설계가 필요하다. 오늘날 많은 종합병원이 분과별 진료에 지나치게 의존한 결과, 한 환자가 3개, 4개 과를 방문하고, 10여 종 이상의 약을 처방받는 일이 비일비재하다. 병을 치료하기 위해 복용한 약이 다시 다른 병을 유발하는 약물 유발성 질환(Drug-Induced Disease)이 현실이 되고 있다. 이는 단순한 과잉 처방의 문제가 아니라, 협진 체계의 부재와 총괄적 건강 관점의 결핍이 만들어 낸 구조적 폐해이다.

따라서 종합병원은 단지 '크고 많은 병원'이 아니라, 환자 중심의 진료 설계, 협진, 의약품 관리, 진료과 간 연계와 조정이 기본이 되는 병원 체계로 작동해야 한다. 의사는 환자를 '자기 분야에서만' 진료해서는 안 되며, 병원은 '환자 하나'에 대한 통합적 관리계획을 세우는 것이 의무가 되어야 한다. 국가가 그런 기준을 설정하고 만들어 가야 한다.

이러한 종합병원 중심 구조는 단지 감염병 대응이나 응급 진료에 유리한 것이 아니라, 의료 전체를 보다 체계적이고 지속 가능한 구조로 재편하는 핵심축이 된다. 의료의 공공성과 효율성, 신속성과 안전성, 접근성과 지속성을 함께 확보하려면, 지금보다 더 많고, 더 촘촘하고, 더 똑똑한 종합병원 체계가 필요하다. 그것이 국민의 생명을 지키는 최전선이며, 우리 사회가 다음 보건 위기를 준비하는 가장 현명한 방식이다.*

7. 건강보험과 실손보험 및 진료수가 등은 재설계되어야 한다

한국의 건강보험은 짧은 시간 안에 전 국민 의료보장을 이룬 성과를 이뤄 냈지만, 그 이면에는 재정의 위기, 보장구조의 왜곡, 그리고 공공성과 시장성 간의 혼란이 동시에 존재하고 있다. 그 핵심에는 건강보험과 실손보험의 기능 중복, 수가 체계의 불합리, 정책 결정의 단기성이 복합적으로 얽혀 있다.

현재 실손보험은 공적 보험을 보완하는 민간 보험이 아니라, 실질적으로 '의료의 무료화'를 유도하는 사적 장치로 작동하고 있다. 환자는 본인부담금을 실손보험으로 사실상 무력화시키고, 의료기관은 고가 장비와 과잉 진료를 통해 수익을 극대화한다. 이는 일종의 공유지의 비극이다. 누구나 보험재정이라는 공유 자원에 무한하게 접근하면서, 결과적으로 그 자원은 고갈되거나 왜곡된다. 이러한 구조는 도덕적 해이(Moral Hazard)를 야기하고, 건강보험과 실손보험 모두를 재정적으로 취약하게 만든다.

---

* 종합병원이 많아지면 감염병 위기에 대응 능력은 향상되고, 사회적 격리(Social Distancing) 가능성은 줄어들 것으로 기대한다.

더 심각한 문제는, 건강보험 제도에 대한 철학적 논의 없이 선심성 정책이 연이어 등장하고 있다는 점이다. 정권마다 보편적 의료를 확대한다며 치매국가책임제 등 특정 질환을 보험 혜택에 포함시켰고, 이 과정에서 명확한 재정 추계 없이 정치적 구호에 가까운 방식으로 제도가 확대되었다. 최근에는 의대 정원 확대 논란 과정에서, 그 준비와 인프라 없이 수조 원의 공공예산이 '갈등 해결 비용'으로 소진되는 상황까지 벌어졌다. 이 모든 것이 재정의 장기적 지속 가능성을 위협하는 요인이다.

더욱 심각한 것은, 건강보험의 보장구조 자체가 일관성과 사회적 설득력을 잃고 있다는 점이다. 한국은 이른바 '중부담-중급여'를 기본 원리로 삼고 있지만, 이는 현실에서는 '불충분한 보장'과 '과도한 사(私)보험 의존'이라는 결과로 이어졌다. 외국은 건강보험이 의료비의 60~80%를 보장하고, 나머지를 사보험이나 개인이 부담하도록 설계되어 있다. 반면 한국에서는 건강보험으로 보장되지 않는 항목이 많고, 보장성의 체계도 불분명하다. 그러다 보니 사보험을 들지 않을 수 없다.

이 지점에서 우리가 분명히 해야 할 원칙이 있다. 그것은 바로 '모든 병은 사회보험으로 보장된다'라는 명확한 보편주의 원칙이다. 이 원칙이 사회적으로 합의되고 제도적으로 보장될 때, 비로소 건강은 '개인의 책임'이 아니라 '사회적 권리'가 될 수 있다. 그러나 한국은 이 원칙을 제도적으로 천명하지 않았고, 그 결과 건강보험의 보장 범위는 협소하게 설정되었으며, 국민은 스스로의 불안을 해소하기 위해 사보험 시장에 내몰리게 되었다. 실손보험은 바로 이러한 구조적 공백이 낳은 가장 악성적 결과물이다.

실손보험은 본래 공공의료의 사각지대를 보완하는 수단이어야 했지만, 실제로는 공공의료제도의 결함을 전면에 드러내고 있으며, 이를 방치하면 건강보험 재정까지도 동반 침식 되는 구조가 된다. 국민 다수가 실손보험을 갖고 있고, 이를 통해 모든 병원 이용을 '사실상 무료'로 만들 수 있다면, 공공재로서의 건강보험은 무력화되고, 의료 시스템은 왜곡된다.

이를 해결하기 위해서는 실손보험의 전면 금지가 아니라, 역할과 범위의 구조적 재설정이 필요하다. 건강보험과 민간 사보험까지 포함하여 재개편이 함께 논의되어야 한다. 건강보험은 공공적으로 감당할 수 있는 범위를 명확히 설정하고, 급여항목을 점진적으로 확대하되 효과성과 우선순위를 따지는 데이터 기반의 보장 설계가 필요하다. 또한 보편주의 원칙을 적용하는 목표 연도를 고민해야 한다. 이런 비전과 전략이 없다면 표에 따라 움직이는 정치권의 움직임에 따라 건강보험 보장의 원칙이 휘둘리게 될 것이다. 그리고 과학이 아닌 정치가 그 자리를 차지하게 될 것이다.

즉, 보험급여의 대상이 되는 질환의 종류, 환자 본인 부담 비율, 국가의 보장 수준, 이 세 가지 요소를 중심으로 재정·윤리·의료 효과성 관점에서 정책 논의가 재정비되어야 한다. 이미 이와 관련된 데이터는 비교적 충분할 것으로 보여진다. 이러한 논의는 단순히 예산의 문제를 넘어서, 의료체계 전반의 신뢰와 정의, 지속 가능성에 관한 문제이기도 하다.

결국, 건강보험과 실손보험, 사보험 그리고 수가 체계의 개편은 개별 제도 개선이 아니라, 국민 보건권과 건강권의 실질적 실현과 사회적 연대의 체계 설계 문제다. 공공성과 시장성, 보편성과 선택, 지속 가능성과 사회적 정의의 균형 위에 이들 제도를 다시 올려놓아야 한다.

8. 민간의 참여와 공공성의 균형은 '소유'가 아니라 '운영'의 문제이다

오늘날 의료체계의 공공성 논의는 '누가 병원을 소유하고 있느냐'의 문제가 아니라, '그 병원이 어떤 원리로 운영되고, 어떤 사회적 책임을 다하고 있는가'라는 질문으로 전환되어야 한다. 공공의료는 단지 국공립 병원을 세우는 것이 아니라, 민간이든 국공립이든 대형병원이 보건 위기와 지역 불균형 속에서 공공적 책무를 수행할 수 있도록 제도화하는 것이다. 이는 공공성과 시장성이 충돌하는 것이 아니라, 책무성과 연대의 원칙 아래에서 상호 보완적으로 작동할 수 있다는 전제 위에서 출발해야 하는 것이다.

오늘날 서울대병원과 같은 국립대병원들, 그리고 삼성병원·아산병원·현대중앙병원 등 민간 대형병원들은 규모와 자원, 인력, 기술의 측면에서 이미 국가 최고 수준의 보건 역량을 갖추고 있다. 그러나 이들 기관은 법적 지위에 상관없이, 전국적 보건체계 속에서의 역할 재설정이 필요하며, 이를 통해 지역과의 불균형을 해소하고, 위기 대응력을 향상시키는 공공성을 실현해야 한다.

1) 대형병원의 공공적 책무: 국립대·민간병원 구분 없이 제도화해야

현재 한국의 의료체계에서 가장 많은 신뢰와 자원을 보유하고 있는 것은 대학병원이다. 서울대병원과 같은 국립대병원은 말할 것도 없고, 민간의 대형병원들도 사실상 공공재 수준의 자원과 기능을 활용하고 있다. 특히 의료인력 교육, 중증 진료, 의료기술 개발, 감염병 대응, 국제 의료 협력 등에서 이들 병원이 수행하는 기능은 국가 시스템과 직결된다. 따라서 이들 병원은 보건위기 대응, 지역의료 자문, 의료자원 공유, 필수과목 인력 배출 등 공공적 역할에 대해 사전적 의무와 보상 체계를 갖춰야 하며, 이를 단순한 '자발적 협력'이나 법령에 의한 최소한의 협력에만 맡겨 두어서는 안 된다.

2) 지방 국립대병원의 이중 책무: 지역 거점과 전국 연계의 핵심 고리여야

지방 국립대병원은 단지 대학 소속 병원이 아니라, 지역 보건체계의 중추 역할을 수행하는 공공 거점기관이다. 그러나 실제 운영은 재정 자립 압박, 인력 부족, 외래 경쟁 등의 구조적 한계로 인해 수도권 상급병원에 대한 의존을 완화하는 역할을 충분히 수행하지 못하고 있다. 국가는 지방 국립대병원에 명확한 공공 책무를 부여하고, 이를 위해 ⅰ) 지역 중심의 전원체계 허브, ⅱ) 지역 협력병원 지원센터, ⅲ) 감염병 권역 관리 책임기관 등으로 기능을 재정의하고 보상 시스템을 설계해야 한다. 물론 재정적 지원도 필요하다.

3) 지역병원과 대형병원의 수직이 아닌 수평 연계 시스템 구축

기존의 의료 전원 체계는 지역병원이 상급병원에 환자를 '의뢰'하고, 치료가 끝나면 환자가 다시 돌아오는 수직적이고 단선적인 흐름이었다. 그러나 이 구조는 환자 정보 단절, 중복 검사, 진료 지연, 불신 확산으로 이어졌으며, 진료의 연속성도 확보되지 못했다. 앞으로는 대형병원과 지역 협력병원이 수평적 관계로 연결되어, ⅰ) 임상지침 공유, ⅱ) 의료정보 실시간 연계, ⅲ) 공동 진료 및 원격 자문, ⅳ) 후속 관리와 지역 재활까지 이어지는 완결형 진료 협력 체계를 구축해야 한다. 이는 단순히 지역 환자의 불편을 줄이는 문제가 아니라, 전국 의료자원의 총체적 효율성과 형평성을 회복하는 핵심 전략이다.

4) 감염병 위기와 지역의료 붕괴에 대한 공동 대응 체계 필요

코로나19는 중앙과 지역, 민간과 공공, 국립대와 민간 대형병원의 협력이 없이는 위기 대응이 불가능하다는 것을 확인시켜 주었다. 따라서 감염병 대응 병상, 음압시설, 감염관리 인력, 백신 유통, 진단검사 시스템은 중앙정부-대형병원-지역병원이 하나의 체계로 작동하는 방식으로 법적·행정적으로 설계되어야 한다. 이는 '보건 위기 대응 계획'을 국립대병원과 민간 상급병원 모두가 사전 작성하고 정기 검토하며, 위기 시 자동 참여와 지원이 가능하도록 하는 사전 계약형 공공보건체계로 구체화되어야 한다. 참여에는 비용 보상, 위기 후 보상, 명예 평가가 따라야 하며, 이는 곧 시장과 공공이 함께 국가 보건의 버팀목을 구성하는 방식이다.

진정한 공공성이란 서울의 병원만이 아닌, 모든 병원이 공동의 책임 아래서 국민의 건강을 지키는 체계 속에 있다는 신뢰에서 출발한다. 서울에 오지 않아도, 자신이 지역에서 서울대병원·삼성병원·현대중앙병원의 진료지침, 협진 시스템, 원격 자문을 통해 동일한 의료 품질을 받을 수 있다면, 그것이야말로 공공성과 형평성의 새로운 질서가 작동하는 사회가 될 것이다.

9. 생애 건강권은 보건교육과 건강관리의 일상화를 요구한다

오늘날 건강은 단지 병에 걸린 뒤 치료를 받는 문제를 넘어서, 삶 전반을 어떻게 설계하고 관리하느냐의 문제로 확장되었다. 따라서 건강권은 의료를 '받는 권리'가 아니라, 보건 의식과 건강관리 능력을 일상 속에서 습득하고 실천할 수 있는 권리로 확대되어야 하며, 국가와 사회는 이를 위한 제도적·교육적·문화적 기반을 구축할 의무를 가진다.

의료가 '치료 중심의 체계'라면, 보건은 '예방과 관리 중심의 체계'다. 지금까지는 한국 사회의 건강 관련 정책이 의료 중심의 사후 대응에 집중되어 있었다면, 이제는 보건 중심의 사전 예방 체계로 전환되어야 한다. 이 전환은 단지 보건소의 개편만이 아니라, 교육, 지역사회, 미디어, 가족구조 등 삶의 전 영역과 연결되는 국가적 인프라 설계를 요구한다.

1) 건강은 개인의 권리이자 사회의 책임: 생애 건강권의 선언 필요

건강을 지키는 일은 개인의 자기관리 능력에 의존해서는 안 된다. 유튜브 건강채널에 의존한 '자가 건강지식'이 범람하는 현실은 국가가 보건교육과 건강정보 제공에서 제 역할을 다하지 못했다는 방증이다. 건강은 사적 행위가 아니라, 국가가 보편적으로 보장해야 할 공공적 권리이며, 이에 대한 정보 접근권, 예방서비스 이용권, 건강 습관 형성 기회는 모두 건강권의 범주 안에서 다시 정의되어야 한다.

2) 생애주기별 건강관리 체계의 설계: 연령 구간과 삶의 전환기를 함께 설계하라

지금까지 건강관리 체계는 유아기, 청소년기, 성인기, 노년기 등 연령 구간을 기준으로 설계되어 왔다. 예방접종은 유아기에 집중되고, 학교체육과 보건교육은 학령기 중심으로 구성되며, 건강검진은 일정 연령부터 시작되고, 노인 건강은 요양과 복약 중심으로 접근되어 왔다. 이러한 틀도 중요하지만, 실제 건강상태의 급격한 변화는 연령이 아니라 '삶의 전환기'에서 더 빈번하게 나타난다.

예컨대, ⅰ) 결혼을 준비할 때는 성 건강, 정신적 안정, 생활 리듬 전환에 대한 보건 지원이 필요하고, ⅱ) 임신과 출산 전후에는 영양, 운동, 감정 기복, 호르몬 변화 등 복합적인 건강 정보와 상담이 필요하며, ⅲ) 양육 초기에는 수면부족, 육아 스트레스, 부부관계 변화 등으로 인한 심신 부담이 급격히 증가한다. ⅳ) 갱년기와 은퇴 직후는 생물학적 변화뿐 아니라 사회적 고립, 정체감 상실, 삶의 의미 재구성이 필요한 시기이다.

이러한 '전환기의 건강관리'는 현재의 건강보험 체계나 보건소 서비스에서 거의 다뤄지지 않고 있으며, 사적 정보 검색이나 유튜브에 의존하는 경우가 대부분이다. 그러나 이 시기는 질병 예방은 물론, 평생 건강 습관을 다시 설계할 수 있는 기회의 창이기도 하다. 따라서 생애주기 건강관리 체계는 연령구간별 설계와 더불어, 삶의 전환기별 보건 프로그램이 병행되어야 한다.

세계보건기구(WHO)는 노인의 삶에서 'Healthy Aging'을 강조하고 있다. 이를 위해 주된 일자리에서 은퇴하거나 정년이 되었을 때 노인이 되었을 때의 건강관리에 대해 국가 차원의 교육을 제공한다고 생각해 보자. 더 나은 노년의 삶이 만들어질 것이다. 특히 보건소는 이러한 전환기에 특화된 생활교육, 심리상담, 건강 자문 서비스를 제공하는 거점 기관으로 작동해야 하며, 필요한 경우 정신과 · 내과 · 산부인과 등과 연계된 통합지원 시스템도 가능해야 한다.

3) 보건소의 본래 기능 회복: 치료 중심에서 예방 중심으로

현재의 보건소는 '작은 병원'처럼 치료와 행정에 치우쳐 있으며, 본래의 건강 증진과 교육, 생활 개선 중심 기능은 점차 약화되고 있다. 보건소는 감염병 대응, 예방접종, 약제 배급뿐 아니라, 지역주민의 건강 리터러시(Health Literacy)를 높이는 건강생활 플랫폼으로 재설계되어야 한다. 이를 위해 ⅰ) 보건교육 전담 인력 배치, ⅱ) 주기적 생활습관 진단, ⅲ) 운동처방사 · 영양사 · 정신건강전문가 등 복합 인력 구성, ⅳ) 자조모임 · 워크숍 · 온라인 보건교실 운영 등이 필요하다. 이러한 기능을 제대로만 수행한다면 상당수의 전문 인력이 지역 기반의 급여 생활자로 살아갈 수 있는 터전이 만들어질 것이다.

4) 학교교육과 지역보건체계의 연결: 평생건강의 출발점은 학령기

학교는 건강권 보장의 출발점이다. 체육과 보건은 단순한 교과목이 아니라, 건강한 시민을 양성하는 국가적 투자 행위이다. 그러나 현실에서 보건교과는 형식적이고, 체육은 입시와 무관하다는 이유로 축소되거나 소홀히 다뤄지고 있다. 이제는 학교 교육과정 속에 실제 건강 행동과 직결되는 실천형 보건교육과 체육활동을 강화해야 한다. 학교는 지역 보건소·보건대학·체육지도자 등과 연결되어, 학생의 건강 기록과 생활지도를 학교-가정-지역이 함께 공유하는 시스템으로 발전되어야 한다.

5) 건강은 국가가 보장해야 할 최소한의 인간다운 삶의 조건

한국 사회는 높은 의료 접근성과 기술력을 갖고 있지만, 국민의 건강 수준이나 질병 예방력은 여전히 취약하다. 건강은 단지 '치료받을 기회'만이 아니라, 아프지 않도록 살아갈 조건을 누릴 권리이다. 보건교육과 예방 중심 건강관리는 국가가 수행해야 할 사회보장 기능의 핵심이다.

따라서 생애 건강권은 헌법적 기본권의 확장으로 자리 잡아야 하며, 이를 위해 i) 보건 관련 예산의 비중 확대, ii) 건강관리 인프라의 지역균형 구축, iii) 건강정보의 표준화 및 공공플랫폼화, iv) 학교-가정-지역을 연결하는 건강생활 생태계 조성이 요구된다. 우리는

'학교-가정-지역을 연결하는 건강생활 생태계 조성'이 코로나19 위기 때 제한적이지만 시도가 된 바 있다. 더 활성화될 필요가 있다.

우리는 더 이상 아프기 전까지만 건강에 관심을 갖는 사회를 넘어, 일상 속 건강권을 제도적으로 보장하고, 그것이 인간다운 삶의 필수 조건임을 명확히 선언하는 사회로 전환해야 한다. 이는 단지 복지의 확장이 아니라, 보건이라는 공공적 삶의 방식을 회복하는 일이며, 다음 세대를 위한 사회적 책무이기도 하다.

10. 의료인력 양성 대책은 더 이상 '돌려막기식 타협'은 안 된다. 근본적인 대책과 추진전략이 요구된다

의료 정책은 이해관계자의 불만을 달래기 위한 단기 처방과 돌려막기식 타협으로는 결코 지속 가능할 수 없다. 실제로 과거 의약분업 시행 시, 의사 정원을 줄였고, 이후 약사에게는 한약 제조권을, 또 어떤 때에는 한의사에게 다른 혜택을 제공했던 사례는 정책에 대한 신뢰를 떨어뜨리고 직역 간 갈등을 오히려 심화시켰다. 이러한 임시방편적 조치는 정책의 일관성과 장기 전략을 해치는 결정적 원인이 되어 왔다.

최근 논란이 된 의과대학 정원 2,000명 증원 정책도 이와 같은 문제를 반복하고 있다. 이는 의료인력 수급에 대한 과학적 분석 없이, 단순히 숫자를 늘리는 방식으로 접근한 결과로서 근본적인 해결책이 될 수 없었다. 대한민국의 의료인력 문제는 기본적으로 지역 간·과목 간 의료 인력의 불균형과 배분의 왜곡에 기인하고 있다. 수도권과 대도시에 의료인력이 집중되고, 외과·산부인과 등 위험 부담이 크고 수익이 낮은 과는 기피되고 있다. 이는 이미 오랜 시간 누적되어 온 구조적 문제다. 그러나 의사 집단은 이 문제를 더 많은 환자를 상대하는 '활용'으로 상당 부분 해결해 왔다고 주장했다.* 의료 인력의 총량이 부족한지, 충분한지 알 수 없었다.

정부가 처음부터 본질적, 과학적 진단 없이 배분에서 발생하는 문제를 단순하게 양성의 논리로만 접근한 것은 정책 실패로 이어질 가능성이 충분히 존재했던 것이다. 더구나 이번 정책은 보건의료 인력 전체와의 연계 속에서 설계되지 않았다. 간호사, 간호조무사, 임상병리사, 방사선사, 물리치료사 등 다양한 직역의 인력 수급과 역할 재정의, 권한 조정 문제가 빠져 있고, 보건소와 요양시설 등 의료 외 공간에서의 의료인력 배치도 고려되지 않았다. AI와 원격의료도 중요한 변수이다.

더불어 국민의 의료 이용 행태, 실손보험을 통한 과잉 진료 유도, 의료 산업의 기술 변화, 약사의 역할 확대 등 중요한 변수들이 함께 논의되지 않았다. 예컨대 앞서 제안한 바와 같이 약사의 상담 기능과

---

* 인적자원개발의 관점에서 보면, 교육시장에서 인적자원이 양성되고, 이렇게 양성된 인적자원이 노동시장에 적재적소(適材適所)에 배분되어 최적(最適)으로 활용되는 것을 전제한다. 따라서 의과대학의 정원 조정은 배분만이 아닌 활용까지를 모두 살펴야 되는 문제인 것이다.

경미한 증상에 대한 의약품 처방 권한이 확대된다면, 1차 진료에 대한 의료인력 수요 자체가 달라질 수 있는 것이다. 의료인력의 수급은 단일 변수가 아니라 다변수의 상호작용 속에서 결정되는 구조이며, 이를 무시한 정원 증가라는 양적 증가 대책은 또 다른 왜곡을 불러올 수밖에 없었던 것이다.

우리는 더 이상 직역별 불만을 달래는 방식으로 정책을 설계해서는 안 된다. 이번 2,000명 증원은 적당히 타협하지는 않겠다는 강한 의지의 표명이었다고 해석할 수 있겠으나, 과학적 분석과 종합적인 비전과 전략, 그리고 의료서비스 수혜자인 국민의 목소리가 정책과정 전반에 걸쳐 제대로 고려되지 못했기에 정부의 그 의지가 실현되질 못했다.

즉, 의료인력 양성은 단순히 교육부의 학과 정원 조정 문제가 아니라, 보건복지부의 복지정책, 산업통상자원부의 기술정책, 고용노동부의 인력정책, 그리고 교육부의 고등교육 정책이 통합적으로 연계되어야 하는 문제이다. 이는 단순히 '몇 명을 더 뽑느냐'의 문제가 아니라, 어디에서 누구를 어떻게 길러내고, 어떤 방식으로 재교육하며, 어떤 직역과의 관계 속에서 역할을 조정할 것인지에 대한 종합 설계를 요구한다.

가장 중요한 것은 국민의 보건권·건강권을 어떤 시스템으로 보장할 것인가에 대한 사회적 합의와 국가 비전이다. 지금까지 이 핵심 질문을 회피한 채, 직역 간의 갈등을 달래는 방식으로 의료 정책이 추진되어 왔고, 그 결과는 불균형과 비효율, 그리고 반복되는 갈등이었다. 이제는 돌려막기식 타협을 끝내고, 과학적 근거와 사회적 합의에 기반을 둔 비전 제시와 장기 전략으로 전환해야 한다. 그리고 국민이 참여하여야 한다.

제3부

새로운 사회를 위한 대(大)개조 전략

제3부는 제3장에서 제7장까지 제시한 다섯 가지의 사회권을 실천적으로 구현할 수 있는 방법에 대해 기술하고 있다. 먼저, 제8장은 각 영역의 혁신을 종합하여 "RESET 사회"라는 대개조 비전을 선언한다. 이는 추상적 구호가 아니라 도시, 노동, 복지, 문화, 보건 등 다섯 영역을 실질적으로 어떻게 재설계할 것인가에 대한 총괄적 구상이다.

제9장은 그러한 방법론을 사회정책이라는 관점에서 어떻게 구체화할 것인지를 정리하고 있다. 특히 생애별 사회정책의 유기적 결합을 통해 정책 간 통합 거버넌스를 실현하는 전략을 제시한다.

마지막으로 제10장은 이 구상이 공허한 이상에 그치지 않도록 복합문제(Wicked Problem)에 대한 정책 설계의 원리와 실행 메커니즘을 제시한다. 시민사회의 협치도 강조한다.

제8장

RESET 사회의 미래 구상

제3장에서 제7장까지 제시한 사회권이 보장되는 사회를 RESET 사회로 규정한다. 그리고 RESET 사회가 어떤 사회인지를 설명한다. 특히, 자유권과 사회권의 충실하게 보장되는 사회를 만들기 위해 다섯 가지 원리도 제시한다.

1. 자유권과 사회권이 충실히 보장되는 사회

'우리는 어떤 사회에서 살아가기를 바라는가?'
'인간다운 삶이란 무엇이며, 그 삶을 가능하게 하는 사회의 조건은 무엇인가?'

이 책은 이러한 근본적인 물음에서 출발했다.

오늘날 한국 사회는 세계 10위권의 경제 규모를 자랑하고 있으며, 1인당 국민소득이 3~4만 불에 이르는 국가로 성장하였다. 하지만, 이러한 경제적 성취가 과연 시민 개개인의 삶의 질 향상으로 이어졌는가? 이에 대한 대답은 결코 단순하지 않다. 우리는 그동안 너무 오랫동안 '경제성장이 곧 삶의 질을 보장한다'라는 전제를 당연시해 왔고, 그것이 곧 선진국이라는 믿음 속에서 정책을 추진해 왔다. 지금도 그러하다. 그러나 지금 우리 앞에 놓인 현실은, 이러한 믿음이 더 이상 유효하지 않음을 분명히 보여 주고 있다.

이제 사회는 단순히 성장의 성과를 분배하는 문제를 넘어서, 어떤 구조와 가치 원리에 따라 그 삶을 설계할 것인가, 다시 말해 어떤 사회적 질서를 미래 사회의 기준으로 삼을 것인가를 묻고 있다.

그 중심에 놓인 것이 바로 자유권과 사회권의 충실한 보장이다. 진정한 민주사회는 시민 개개인이 자유롭고, 존엄하며, 안전하게 살아갈 수 있는 사회를 뜻한다. 이는 단지 표현의 자유와 선거권과 같은 정치적 권리의 보장만으로 충족되지 않는다. 오히려 우리는 과잉된 정치적 권리 담론에서 벗어나, 인간다운 삶을 가능하게 하는 사회권의 실질적 보장에 보다 주목할 필요가 있다. 주거, 노동, 교육, 문화, 보건 등 삶의 기반을 구성하는 제반 권리들이 위태롭다면, 자유란 존재하더라도 공허할 뿐인 것이다.

자유권 또한 단지 국가의 간섭으로부터 벗어나는 '소극적 자유'에 머물러선 안 된다. 오늘날의 자유는 자기 삶을 주체적으로 선택하고 구성할 수 있는 '적극적 자유'로 확장되어야 한다. 예를 들어, 표현의 자유는 단지 검열의 부재가 아니라, 디지털 플랫폼의 알고리즘 통제나 사적 권력으로부터의 해방을 포함해야 하고, 이동의 자유는 물리적 접근성과 안전한 주거 환경 없이는 실질화될 수 없다.

마찬가지로 사회권도 단지 최소한의 생존을 보장하는 수준을 넘어서, 삶의 질을 향상시키고 인간의 존엄을 실현하는 보편적 권리로 작동해야 한다. 사회권은 더 이상 특정 취약계층만을 위한 시혜적 제도가 아니라, 모든 시민이 생애 전 주기에 걸쳐 접근할 수 있어야 할 보편적 권리가 되어야 한다.

그러나 오늘날의 대한민국은 이 두 권리가 형식적으로는 존재하지만, 실질적으로는 균형을 이루지 못하는 구조 속에 놓여 있다. 정치적 자유는 비교적 제도화되어 있으나, 사회권은 법률적 근거와 정책 범위에서 모호하거나 불완전하며, 적용 수준도 계층과 지역에 따라 편차가 크다. 이는 결국 '권리'가 아닌 '혜택'의 언어로 사회정책이 운영되고 있음을 방증한다. 결과적으로 사회적 신뢰는 약화되고, 공동체적 연대도 해체되고 있다.

이 책은 이러한 현실을 비판적으로 성찰하고, 상대적으로 논의가 취약했던 사회권의 영역을 중심으로 새로운 사회 질서의 재설계를 시도하였다. 특히 제3장에서 제7장까지는 주거권, 근로권, 학습권(교육권), 문화권, 보건권을 중심으로 환경권과 안전권까지를 포괄하여 한국 사회의 구조적 문제를 분석하고, 각 권리가 실질적으로 작동하기 위한 제도적 재설계를 제안했다. 다음과 같은 내용을 중심으로 정리하였다.

제3장은 주거권을 기본생활의 공간적 기반으로 보고, 부동산 중심 개발과 아파트 문화의 극복 필요성을 제기하였다. 제4장은 근로권을 단지 고용 여부가 아닌 괜찮은 일자리와 국제기준을 넘어 선진국 수준에 부합하는 노동환경 보장을 강조하였다. 제5장은 학습권을 복지권과 연결하고, Learnfare(학습복지) 개념을 통해 생애주기별 학습체계의 필요성을 강조하였다. 제6장은 문화·예술·체육 활동의 모든 시민의 기본적 권리로서 보장해야 한다고 보았으며, 공공성의 원칙하에 공공기반 시설과 제도적 접근권의 회복을 요청하였다. 제7장은 의료를 사회 인프라로 재정의하면서, 가정의·주치의 그리고 보건소 중심의 1차 진료체계와 종합병원의 확대와 공공성 강화가 필요하다고 강조하였다.

이러한 다섯 가지 사회권은 단지 복지정책의 영역에 머무르지 않는다. 그것은 개인의 삶을 지탱하고 공동체를 구성하는 핵심 권리이며, 동시에 자유권을 실현할 수 있는 사회적 조건이자 전제이기도 하다. 즉, 자유권과 사회권은 서로 독립적인 2개의 권리가 아니라, 상호보완적이며 상호 조건적인 관계를 이루고 있다.

따라서 진정한 의미의 인간다운 삶을 위해서는 자유권과 사회권이 균형 있게 보장되는 사회를 지향해야 한다. 그것은 선언에 그치는 것이 아니라, 실제 제도와 정책, 문화와 실천 속에서 구현되어야 하는 과제인 것이다. 그리고 이 책을 통해 그 가능성과 실천 방안을 하나씩 확인해 왔다.

이제 남은 과제는, 이러한 사회를 어떤 철학과 원리를 바탕으로 유지하고 지속할 것인가에 대한 답을 찾는 일이다. 그에 대한 응답으로서, 다음 절에서는 RESET이라는 이름으로 요약되는 다섯 가지 실천 원리를 제안한다.

2. RESET 사회를 위한 다섯 가지 원리

자유권과 사회권이 균형 있게 보장되는 사회는 선언만으로 실현되지 않는다. 그러한 사회가 제도적으로 구조화되고, 정책적으로 실현되고, 문화적으로 유지될 수 있도록 하는 실천 원리가 필요하다. 그것을 다시 RESET이라는 이름으로 정리한다. RESET은 단지 기술적 초기화(Reset)가 아니라, 기존 사회구조를 재설계하고 인간 중심의 질서를 회복하는 철학적·정책적 원칙이다. 그 다섯 가지는 다음과 같다.

1) R - Rights-based Approach: 권리 기반 접근

RESET 사회의 첫 번째 원리는 '권리'가 사회정책과 공공행정의 출발점이 되어야 한다는 점이다. 주거, 노동, 교육, 문화, 보건은 특정 조건을 갖춘 사람에게 주어지는 혜택이 아니라, 모든 시민이 마땅히 누려야 할 권리이다. 권리 기반 접근은 다음을 전제한다. ⅰ) 정책의 기준은 정치적 유불리가 아니라 시민의 권리 실현 수준이어야 한다. ⅱ) 재정 논리보다 권리 충족의 우선순위가 정책결정의 기준이 되어야 한다. 그리고 ⅲ) 시민은 피(被)수혜자가 아니라 권리의 주체이자 정책의 공동설계자로 간주되어야 한다. 이를 통해 제도와 정책이 사회적 신뢰와 공동체성을 회복하는 기반이 될 것이다.

2) E - Equity and Justice: 형평성과 정의

두 번째 원리는 '공정'이라는 이름 아래 획일적 평등이나 기계적 일률성에 머무르지 않는, 맥락적이고 구조적인 정의의 실현이다. 형평(Equity)은 각자의 조건과 맥락에 따른 차등적 지원과 재설계를 의미하며, 정의(Justice)는 이러한 차등이 사회 전체의 공정한 기회 구조를 형성하는 방식으로 작동함을 의미한다. 예컨대, ⅰ) 주거정책은 공공성, 환경, 안전을 중시해야 한다. ⅱ) 교육정책은 학습의 기회와 과정의 평등을 보장해야 한다. 그리고 ⅲ) 보건정책은 의료 접근성을 지역별·계층별로 균형 있게 설계해야 한다. 이는 단지 취약계층을 위한 차등적 보호가 아니라, 모든 시민을 위한 구조적 형평성 설계의 문제이다.

3) S - Social Dignity: 인간 존엄의 회복

RESET의 핵심은 시민을 시장 속 경쟁 주체나 정책의 대상이 아닌, 존엄한 인간으로 인식하는 관점 전환에 있다. 이는 곧, 사회정책의 목표가 단지 빈곤 탈출이나 최소 생존이 아니라, 존엄하게 살아가는 삶의 조건을 구성하는 것이어야 함을 의미한다.

'존엄(Dignity)'은 다음을 포함한다. ⅰ) 인간은 단지 소비자도, 노동자도 아닌 다면적 존재임을 인정한다. ⅱ) 예술, 체육, 문화, 돌봄, 관계 등 경제적 생산성과 무관한 요소들도 공공정책의 대상이 되어야 한다. 그리고 ⅲ) 노인, 장애인, 이주민 등 주변화된 집단의 목소리가 제도 속에 통합되어야 한다. RESET 사회는 인간 존엄을 위한 구조를 설계하고, 그 존엄이 삶의 모든 국면에서 구현될 수 있도록 보장하는 사회를 말한다.

4) E - Education-centered Welfare: 교육 중심 복지

RESET 사회는 복지의 중심축을 현금 이전이나 고용 유지가 아닌 교육과 학습의 기회 보장에 둔다. 이는 단지 무상교육 확대가 아니라, 생애 전 주기에서 학습권을 실질적으로 보장하고, 이를 통해 인간의 가능성을 확장시키는 체계를 의미한다.

구체적으로, ⅰ) 유아부터 노년기까지 학습권이 제도화되어야 한다. ii) 대학과 지역기관은 학위 중심 구조를 넘어 평생학습 플랫폼으로 진화해야 한다. 그리고 iii) 직업전환기, 실업(失業)기, 은퇴(隱退)기에도 새로운 삶의 설계가 가능하도록 교육기반 복지가 이루어져야 한다. 이는 곧 Learnfare(학습복지)라는 새로운 국가철학이 필요함을 의미한다. RESET 사회에서 교육은 선택이나 경쟁의 수단이 아니라, 인간다운 삶을 가능케 하는 기본 조건이 되어야 한다.

5) T – Thrive for All: 모두가 번영

RESET 사회가 궁극적으로 지향하는 것은 모든 시민이 생존을 넘어 번영(Thrive)할 수 있는 삶이다. 여기서 번영은 단지 물질적 풍요가 아니라, 심리적 안정, 공동체 소속감, 자율적 삶의 설계, 그리고 미래에 대한 희망을 포함하는 개념이다. 단지 가난에서 벗어나는 것이 아니라, 좋은 삶(Good Life)을 영위할 수 있는 조건을 만들고 단지 경쟁에서 이기는 것이 아니라, 함께 살아갈 수 있는 사회구조를 만드는 것, 단지 국가가 강한 것이 아니라, 시민 개개인이 강해지는 사회를 만드는 것이다.

Thrive for All은 RESET 사회의 최종 목적이자 가장 실천적인 비전이며, 지속 가능성과 정의를 조화시킨 복합적 삶의 질 모델이라 할 수 있다. 이것이야말로 진정한 성장이자 발달이라고 할 수 있으며, 경제성장 위주의 편협한 사고를 벗어날 수 있는 길이다.

정리해 보자. 지금까지 설명한 RESET의 5대 원리는 국정의 설계 원칙이자 실천 철학이 되어야 한다. 따라서 RESET의 다섯 가지 원리는 단순히 선언에 그치는 것이 아니라 설계 원칙이며, 구호가 아니라 실천 철학이 되어야 한다. 이 원리는 단지 사회정책을 설계하는 기술적 프레임이 아니라, 사회가 어떤 방향으로 나아갈 것인지에 대한 가치 지향적 비전을 담고 있기 때문이다. 제3장에서 7장까지 다룬 주거권, 근로권, 학습권, 문화권, 보건권은 RESET의 이 다섯 원리를 통해 하나의 통합적 사회구조로 연결될 수 있는 것이다.

제9장

사회정책이 중심이 되는 국정 운영

이제 대한민국은 경제정책 중심의 국정 운영에서 벗어나야 한다. 더 나은 삶, 더 인간적인 삶은 사회정책에 의해서 좌우되기 때문이다. 사회정책은 복지를 넘어 문화, 교육 등 다차원으로 확대되고 있다. 사회정책은 여러 부처가 동시에 관련될 수 있다. 그렇기 때문에 부처 간 정책 통합과 협력이 중시되어야 한다.

1. 실행 기반으로서의 법·제도·정책의 핵심은 사회정책이다

이 책이 제3장에서 제7장까지 제시해 온 주거권, 근로권, 학습권, 문화권, 보건권은 단지 이념적 구호나 선언적 권리에 머물러서는 안 된다. 권리는 선언되는 순간 자동적으로 실현되는 것이 아니라, 실행 가능한 정책 체계와 행정 구조, 법률과 제도라는 실체적 기반 위에서만 구현될 수 있는 것이다. 국정 운영은 실천의 문제이며, 실천은 곧 제도의 문제인 것이다.

우리 사회가 삶의 질을 보장하는 사회권 중심 국정 운영으로 나아가기 위해서는 개별 권리에 대한 구체적 법적 근거와 제도 설계, 행정적 집행 수단, 재정적 지원 체계가 유기적으로 구축되어야 한다. 이를 통해 국가가 단지 선언적 권리의 수호자가 아니라 생활 속에서 권리를 실현하는 행위자로서 자리매김할 수 있다.

이러한 전환은 우선 입법부와 행정부의 정치적 책임성과 가치 선택을 전제로 한다. 지금까지의 국정은 '경제성장 중심, 복지 최소화'라는 철학에 기반하고 있었다. 복지는 소득 재분배를 위한 후순위 정책이었고, 정책 집행의 우선순위는 언제나 경제적 효율성과 성장에 맞추어져 있었다. 그러나 이 책은 새로운 국정 철학을 제안한다. 성장 중심에서 삶의 질 중심으로, 시장 중심에서 시민 중심으로의 전환을 통해 국정 운영의 핵심 축을 사회정책으로 이동시켜야 한다는 것이다.

이는 단지 철학의 문제만이 아니다. 이미 주거권, 근로권, 학습권 등과 관련된 법령은 다수 존재한다. 「주택법」, 「근로기준법」, 「고등교육법」, 「평생교육법」, 「문화예술진흥법」, 「국민건강보험법」, 「장애인복지법」 등 수많은 법률이 개별 권리를 다루고 있다. 그러나 문제는 이들 법령이 분절적이고 병렬적으로 설계되어 있어, 시민의 삶 속에서 통합적으로 작동하지 못하고 있다는 점이다. 따라서 지금 필요한 것은 기존 법령과 정책들을 총체적으로 점검하고, 구조적으로 재설계(Re-design)하는 작업이다. 이는 단지 정책의 문제를 넘어선 국정 설계의 문제이며, 국가 운영 방식의 전면적인 재정비를 의미한다. 예를 들어, 동일한 대상에 대해 거의 유사한 삶의 영역을 다루면서도 교육청, 지자체의 일반행정관서, 중앙부처가 각기 다른 방식으로 접근하고 있는 현행 행정 구조는 권리의 실현을 지연시키거나 왜곡시키는 구조적 요인이 되고 있다. 예산의 낭비도 무시할 수 없다.

이러한 재설계 작업은 단순히 행정기관의 자발적 노력만으로 이루어질 수 없다. 정책 형성의 전 과정에 참여하는 국가의 제도적 생태계 전체가 함께 변화해야 한다. 우선 국회는 정책 실행을 위한 입법적 기반을 조성해야 하며, 행정부는 법률의 취지를 반영한 제도 설계와 정책 수단의 일관성을 확보해야 한다.

특히 행정부가 정책을 결정하고 집행하는 모든 과정에서 사회정책 중심 국정 운영의 철학과 원리를 수용할 수 있도록, 정책 형성 절차 전반을 점검하고 개선해야 한다. 이는 단순한 정책 내용의 변경이 아니라 정책 결정 구조의 개혁이며, 정책 패러다임 전환을 위한 행정 내부의 성찰과 조정 과정을 필요로 한다.

이 과정에서 정부 산하의 각종 국책연구기관, 예를 들면, 한국직업능력연구원(KRIVET), 한국교육개발원(KEDI), 한국개발연구원(KDI), 한국

보건사회연구원(KIHASA), 한국고용정보원(KLI), 한국행정연구원(KIPA), 국토연구원(KRIHS) 등도 단절된 정책 연구의 관행을 벗어나 통합적 관점에서 과제를 재설계해야 한다. 각 기관들은 개별 분야의 전문성을 넘어서 사회정책의 종합성과 통섭적 접근을 중심에 놓고 연구 방향을 재조정해야 한다. 경제인문사회연구회의 혁신적, 주도적 역할이 필요하다.

아울러 국회 역시 입법 기능만이 아니라 정책 형성의 동반자로서 역할을 재정립해야 한다. 국회입법조사처, 예산정책처, 국회 소속 정책연구기관, 그리고 각 정당 산하의 정책연구소들 또한 정치적 경쟁을 넘어서 사회정책의 비전과 철학을 중심으로 한 공동 연구, 법안 발굴, 재정 분석에 참여해야 한다. 특히 국회는 정책의 지속 가능성과 재정 여건, 법적 정합성을 검토하는 기능을 수행함으로써, 선언에 그치지 않는 정책 실행력을 담보할 수 있다.

요컨대, 사회정책 중심 국정 운영은 단지 대통령이나 장관의 의지만으로 추진될 수 있는 것이 아니다. 정부 부처, 국책연구기관, 국회, 정당, 정책연구소 등 정책 형성의 전체 구조가 유기적으로 작동해야만 가능한 일이다. 이는 거대한 방향 전환이며, 한국 정치행정 시스템이 지닌 구조적 분절성을 넘어서야 할 시대적 도전이기도 하다.

2. 사회정책의 개념은 복지를 넘어 교육·문화로까지 확장되어야 한다

1) 사회정책의 개념 확장: 국정의 '보조 축'에서 '설계 원리'로

사회정책(Social Policy)은 전통적으로 교육, 복지, 보건, 고용, 돌봄 등 국민의 삶의 질 향상을 목적으로 하는 공공정책으로 정의되어 왔다. 그 중심 가치는 삶의 조건과 사회적 기회의 평등한 보장이며, 산업화 이후 복지국가 형성 과정에서 분배 정의와 사회적 보호의 수단으로 기능해 왔다.

그러나 오늘날 사회정책은 더 이상 복지영역에 국한된 특정 정책군(群)을 의미하지 않는다. 사회정책은 이제 삶의 구조를 설계하고, 사회적 연대의 기반을 복원하며, 공동체의 지속 가능한 발전 조건을 만들어 가는 '국가 전략의 중심축'으로 자리 잡고 있다. 이는 단지 정책의 대상과 범위가 확장된 것뿐만 아니라, 정책의 위상 자체가 변화하고 있다는 것을 의미한다.

이에 따라 기존의 전통적 정의에 더하여, 문화예술, 체육, 공공안전, 교육환경, 지역 인프라 등 국민의 '교육적 삶(Educated Life)'과 '문화적 삶(Cultural Citizenship)'의 기반을 형성하는 모든 정책 영역을 사회정책의 구성요소로 포함시킨다. 다시 말해, 사회정책은 더 이상 '복지를 담당하는 정책 분야'가 아니라, 국정을 설계하는 기준 원리이자 사회 전체의 구조를 조율하는 틀이 되어야 한다. 교육정책, 문화정책, 고용정책 등 개별 정책들도 이제 사회정책의 체계 속에서 조화롭게 배치되고 연계되어야 한다. '사회관계장관회의'*를 만든 취지도 이와 유사했으나, 실제 활동은 그러하지 못했다. 전면 개편이 필요하다.

2) 사회정책의 핵심 역할: 생애의 보장, 공동체의 회복, 사회의 유지

사회정책이 단지 개념적으로 확장되었다는 것을 넘어서, 국정 운영의 중심축이 되어야 하는 이유는 그 고유한 역할(Functional Core)이 사회의 지속성과 통합을 보장하기 때문이다. 구체적으로 사회정책의 핵심 역할은 다음과 같은 세 가지로 정리될 수 있다.

첫째, 생애의 전 과정을 보호하고 지원하는 사회적 안전망의 역할이다. 사회정책은 태어나서 교육을 받고, 일하고, 가족을 꾸리고, 늙고, 병들고, 죽음에 이르기까지 시민의 생애 전 주기를 포괄적으로 보장한다. 복지나 돌봄 정책은 물론, 평생교육, 직업 전환, 노년기의 사회참여와 같은 생애 연속적 지원 구조는 사회정책의 본질적 기능이다.

둘째, 사회적 연대와 공동체적 삶을 회복하는 구조 형성이다. 현대 사회는 경쟁과 시장화, 개인화로 인해 공동체가 해체되고 사회적 고

---

* 정식 명칭은 '교육 · 사회 및 문화 관계장관회의'이다. 그러나 보통은 경제관계장관회의의 대응 용어로 사회관계장관회의라고 부른다.

립이 심화되고 있다. 사회정책은 사회적 관계의 복원, 협력의 재구성, 지역사회 기반의 강화를 통해 사회적 연대를 재건하는 중심축이 될 수 있다. 지역 복지관, 평생학습센터, 공공문화시설 등은 단지 공공 서비스를 제공하는 공간이 아니라, 사회적 만남과 공동체 회복의 플랫폼이 되어야 한다.

셋째, 사회 유지와 통합의 제도적 기반이다. 극심한 양극화와 불평등은 단지 경제적 문제가 아니라 사회 전체의 존속을 위협하는 구조적 위험이다. 사회정책은 이러한 위험을 완화하고, 사회 구성원 간의 최소한의 신뢰와 결속을 가능하게 함으로써 사회질서 유지의 제도적 기반을 제공한다. 정치적 민주주의를 지탱하는 것은 경제력보다도 사회적 통합력이며, 이는 바로 사회정책을 통해 실현된다.

결국, 사회정책은 삶의 전 주기를 설계하고, 사회적 연대를 복원하며, 사회 자체를 지속 가능하게 유지하는 핵심 정책 시스템이다. 사회정책은 이제 국정의 '하위 정책 분야'가 아니라, 국가 운영 전체의 설계 원리이자 철학적 중심축이 되어야 한다. 그 안에서 다른 모든 정책들은 하나의 통합된 사회 전략 안에서 재구조화되어야 하며, 이러한 접근 없이는 주거권, 근로권, 학습권, 문화권, 보건권의 실질적 보장은 가능하지 않다.

3. 사회정책은 경제정책과는 다르다.

국정 운영에서 경제정책과 사회정책은 전혀 다른 구조, 목적, 작동 방식, 그리고 정책 행위자(Actor)를 전제로 한다. 두 정책은 서로를 보완하지만, 동일한 논리로 설계되거나 운영될 수는 없다.

1) 경제정책의 특징: 시장 중심, 간접 개입, 실패의 이중성

경제정책은 시장(Market)을 주요 대상으로 하며, 정부는 주로 조세, 금리, 재정 지출, 규제 등의 수단을 통해 간접적으로 시장을 유도하거나 조정하는 역할을 수행한다. 이 과정에서 정부는 규칙 설계자(Regulator), 환경 조성자(Enabler), 균형 유지자(Moderator)의 역할에 머무르며, 직접적인 행위자가 되는 경우는 공기업 같은 경우를 제외하고는 매우 제한적이다.

경제정책의 대상인 시장은 본질적으로 효율성과 경쟁을 기반으로 작동하지만, 항상 이상적인 균형을 달성하는 것은 아니다. 독점, 외부효과, 정보 비대칭, 공공재의 부족 등 시장 실패(Market Failure)의 가능성은 구조적으로 내재되어 있으며, 이러한 실패는 노동 불안정, 빈곤, 지역 격차, 주거 불평등 등의 사회적 문제로 전이되기 쉽다.

이때 사회정책이 시장 실패로 인한 불균형을 보정하는 역할을 수행하게 된다. 그러나 정부가 시장에 과도하게 개입하려 하면 정부 실패

(Government Failure)라는 또 다른 위험이 발생할 수 있다. 비효율, 부패, 자원 낭비, 민간 역량의 침해 등이 그 대표적인 부작용이다.

여기서 명심해야 할 것은, 경제정책에서 주된 Actor는 정부가 아니라 시장의 참여자(기업, 투자자, 소비자 등)라는 점이다. 정부가 직접 생산자나 서비스 제공자로 기능하는 것은 극히 예외적인 상황에 한정되며, 그렇기 때문에 경제정책은 항상 '정부의 한계'를 고려하여 설계되어야 한다.

2) 사회정책의 특징: 직접 개입, 생애 중심, 가치 실현

사회정책은 구조적으로 정부가 직접적인 행위자(Actor)로 기능하는 영역이다. 정부는 조세를 걷고, 법률과 제도를 설계하고, 공공서비스를 제공하며, 사회적 위험으로부터 시민을 보호한다. 사회정책은 삶의 조건을 구성하는 기초적 영역(교육, 보건, 복지, 고용, 돌봄, 주거, 문화, 지역사회 등)을 직접 다루며, 시민의 생애 전 주기(Life-Cycle)에 걸쳐 영향을 미친다.

사회정책은 또한 단지 서비스를 전달하는 것이 아니라, 형평성, 공공성, 연대성, 존엄성이라는 핵심 사회가치의 구현 메커니즘이 된다. 이 가치는 경제정책이 추구하는 성장과 효율성의 가치와는 구별된다. 정부는 이 영역에서 설계자(Designer), 제공자(Provider), 촉진자(Facilitator), 투자자(Investor) 등 다양한 역할을 수행하며, 이는 행정, 재정, 법제, 조직 등 모든 국정 시스템에 반영된다.

그렇기 때문에 사회정책은 ⅰ) 시민의 자발적 참여나 민간의 혁신을 유도하는 환경 조성(예: 평생학습 기반 조성, 커뮤니티 센터 운영)과 같은 촉진정책(Facilitative Policy), ⅱ) 특정 사회적 행동을 유도하기 위한 인센티브 제공(예: 육아휴직 장려금, 고용 장려금)과 관련된 유도정책(Inducement Policy), ⅲ) 특정 집단에게 공공자원이나 서비스 직접 제공(예: 무상교육, 공공임대주택)하는 배분정책(Distributive Policy), 그리고 ⅳ) 고소득층에서 저소득층으로의 소득·기회 재조정(예: 누진세, 기초생활보장제도)하는 재분배정책(Redistributive Policy) 등이 이야기되는 것이다.

이와 같이 사회정책은 다양한 방식으로 구성될 수 있으며, 구체적 정책 수단과 실행 방식이 사회적 가치 실현과 직접 연결되어 있다. 경제정책이 성장과 자본의 흐름을 설계하는 것이라면, 사회정책은 시민 삶의 내용과 형식을 구체적으로 형성한다.

3) 경제정책과 사회정책의 관계 속에서 드러나는 구조적 차이

경제정책과 사회정책은 상호 보완 관계에 있지만, 정책 목표, 개입 방식, 평가 기준, 작동 메커니즘, 제도 설계의 논리 모두가 상이하다. 경제정책은 기본적으로 생산성과 성장, 효율성을 중심으로 설계되며, 시장 원리를 기반으로 정책 수단을 구성한다. 시장의 자율성과 경쟁은 중요한 전제이며, 정부의 개입은 가능한 한 제한적이어야 한다.

반면, 사회정책은 인간의 존엄성과 삶의 질, 형평성과 연대를 중심 가치로 하며, 정부의 역할은 필수적이고 직접적이다. 평가 기준도 성장률이나 수익성보다 접근성, 지속성, 형평성에 기반을 둔다. 즉, 사회정책은 경제정책을 보완하는 후속조치가 아니라, 그 자체로 독립된 국정의 중심축이며, 고유한 설계 논리와 실행 철학을 가진 체계다. 시장이 실패했을 때만 발동하는 보완 기제가 아니라, 애초부터 시민의 권리와 삶의 기반을 구축하는 정면 정책이다.

사회정책이 경제정책의 보완적 기제이거나 후속 조치에 불과하다는 시각에서 벗어나, 사회정책이 곧 국가 운영의 설계 철학이자 국민의 삶의 조건을 구성하는 본류 정책이라는 점을 인식하는 것이야말로, 사회정책 중심 국정 운영의 출발점이다.

4) 사회정책은 사회정책의 방식으로 다뤄야 한다

이러한 본질적 차이를 감안할 때, 사회정책을 경제정책의 방식으로 다루는 것은 매우 위험한 접근이다. 사회정책은 단기성과 중심, 시장 인센티브 중심, 수요자 지향의 경제정책적 설계로는 제대로 작동할 수 없다. 오히려 시민의 권리를 침해하거나, 사회적 연대를 해체하고, 공공성을 약화시킬 수 있다.

그렇기 때문에 경제정책이 일하던 방식으로 사회정책을 설계하거나 평가해서는 곤란하다. 사회정책에는 사회정책 고유의 철학, 설계 원리, 정책 수단 체계가 필요하며, 그 실행 방식도 통합적이고 협력적이어야 한다.

이러한 이유로 다음 절에서는 사회정책의 실현을 위한 전략적 수단으로서, 정책 연계(Policy Linkage)의 필요성과 방향성을 제시하고자 한다. 복합적 삶의 문제에 대응하기 위해, 이제는 정책 간 연계와 통합이 본격적으로 논의되어야 할 시점이다.

4. 정책 연계의 구조화: 사회정책을 실현하는 방식

앞서 논의한 바와 같이, 사회정책은 이제 복지나 보호에 국한된 영역이 아니라, 삶의 조건과 공동체 구조 전반을 설계하는 국정 운영의 중심축으로 자리매김해야 한다. 그러나 이처럼 확장된 사회정책을 실제 현실에서 구현하기 위해서는 '정책 연계(Policy Linkage)'의 전략적 구조화가 필수적이다.

정책 연계란, 복수의 정책 영역―예컨대 부처 간, 기능 간, 생애 단계 간―이 하나의 공동 문제 해결을 위해 목표, 기능, 자원, 성과를 통합적으로 연동하는 과정을 의미한다. 이는 단순한 병렬적 협업이나 역할 분담을 넘어서는 것으로, 정책 간의 실질적인 통합 구조를 전제한다. 목표 공유(Goal Alignment), 기능 조정(Role Clarification), 예산 통합(Resource Pooling), 평가 연계(Outcome Coordination) 등이 그 핵심 요소이다.

이러한 연계는 사회정책의 실효성을 높이는 핵심 메커니즘이다. 사회적 문제는 대부분 복합적이며, 단일 부처나 기능만으로 해결할 수 없다. 예를 들어, 교육정책과 사회정책의 연계는 '학습복지 체계'를 구성하는 대표적인 사례다. 그러나 여기서 중요한 것은 단순한 협업 수준이 아니라, 교육정책을 사회정책의 일환으로 재위치(Repositioning)하는 일이다. 즉, 교육은 '인적 자본 개발'이라는 경제정책의 하위 수단이 아니라, 삶의 질과 학습권 보장을 위한 사회정책의 핵심 내용으로 보아야 한다.

이와 같은 맥락에서, 문화정책, 체육정책, 공공안전정책 등도 사회정책의 틀 안에서 재구성되어야 한다. 현재처럼 기능별로 쪼개진 정책 영역들이 각기 다른 부처에서 개별적으로 추진될 경우, 정책은 시민의 삶 속에서 단절되고 중복되며, 종종 상충되기까지 한다. 이는 국민의 신뢰를 떨어뜨리고, 행정 자원의 낭비로 이어지며, 권리 실현의 사각지대를 초래한다.

이처럼 정책 간 연계 없이 분절적으로 운영되는 행정체계는 구조적 한계를 초래하며, 다음과 같은 대표적인 문제들을 낳는다.

첫째, 정책 목표의 일관성 부재로 인한 정책 충돌과 중복이 발생한다. 예컨대 교육부는 초등학생 돌봄 강화를 위해 '늘봄학교'를 확대하면서 방과 후 교육 기능을 학교 중심으로 끌어오고 있지만, 보건복지부는 여전히 지역아동센터를 통해 돌봄 서비스를 제공하고 있다. 두

제도는 유사한 대상(초등학생)을 상정하고 있음에도 운영 주체, 서비스 내용, 예산 구조가 달라 기능이 중복되거나 충돌하고 있다. 이로 인해 어떤 지역에서는 이중 투자가 이루어지고, 또 어떤 지역에서는 돌봄 공백이 발생한다. 정책 목표에 대한 일관된 설계 없이 부처 간 병렬적 대응만 반복될 경우, 이러한 혼선은 불가피하다.

둘째, 서비스 대상자의 입장에서 접근성이 저하되고 혼란이 증폭된다. 정책은 공급자 중심으로 분절되어 있지만, 시민은 교육·복지·고용·건강·주거 등 여러 영역에서 복합적인 욕구를 동시에 경험한다. 그러나 현실에서는 각 정책마다 신청 창구, 자격 기준, 정보 전달 체계가 달라 복잡하고 접근이 어렵다. 예컨대 한부모 가정이 교육비 지원, 돌봄 서비스, 주거 지원, 고용 서비스 등을 동시에 필요로 할 경우, 복수 기관을 찾아다니며 동일한 서류를 반복 제출해야 하고, 각 기관 간 정보 공유도 쉽지 않다. 이러한 문제를 해소하기 위해서는 '고용복지플러스센터'처럼 복수의 정책 기능을 통합적으로 제공하는 접근 방식이 확대되어야 한다. 이 센터는 고용지원, 복지상담, 직업훈련, 금융지원 등 다양한 기능을 한 공간에서 통합 제공함으로써 시민 중심의 접근성과 정책 간 연계를 실현하는 중요한 모델이다.

셋째, 지역 간·기관 간·부처 간의 책임 회피와 행정 공백이 발생한다. 정책 대상자의 상태가 복합적일수록 어느 기관이 먼저 개입하고 조정해야 할지 불명확해지는 경우가 많다. 예를 들어 아동의 학습권과 건강권, 주거권, 안전권이 동시에 위협받는 위기상황에서도 교육청, 지자체, 복지부는 서로의 역할을 넘기며 실질적 대응이 지연되곤 한다. 그러나 최근에는 이를 보완하기 위한 제도적 노력도 일부 존재한다.

예컨대 초등학교 1학년 입학 과정에서 예비소집에 나타나지 않는 아동의 소재를 파악하기 위해, 경찰청과 지역 행정기관, 교육청이 공동으로 정보를 공유하고 출동·조사하는 협력체계가 제도화된 것은 좋은 사례다. 이는 복합 위험에 대응하기 위한 다기관 연계의 필요성과 효과를 보여주는 대표적 사례다. 이러한 모델은 일회성 협력이 아니라 상시적 정책 연계 구조로 발전되어야 한다.

넷째, 예산의 중복 집행과 행정 자원의 낭비가 발생한다. 비슷한 정책 목표를 가진 부처들이 서로 다른 시스템과 조직을 유지하면서 별도의 예산을 집행하는 구조는 필연적으로 비효율을 초래한다. 특히 교육부와 고용노동부 간의 성인 학습 지원 제도만 살펴봐도, '내일배움카드제(고용노동부)', '평생학습바우처(교육부)', '직무능력은행제(고용노동부)', '교육계좌제(교육부)'는 이름과 제도의 관리·운영 주체는 다르지만 본질적으로는 유사한 목적과 수단을 가진 제도다.* 이러한 제도들이 통합되지 않으면 정책 간 중복, 성과의 분산, 국민의 혼란만 가중된다. 예산도 산발적으로 집행되어 종합적 효과를 내기 어렵고, 행정 부

---

* 고용노동부의 제도는 「국민 평생 직업능력 개발법」에, 교육부의 제도는 「평생교육법」에 규정되어 있다. 근거 법률이 다르기 때문에 제도는 다른 것처럼 느껴지지만 그 본질은 평생학습제도라는 점에서 사실상 동일하다.

담은 오히려 증가하게 된다.

다섯째, 전 생애에 걸친 정책 연속성이 단절되어 삶의 불안정성이 증폭된다.

정책은 삶의 특정 국면에서만 적용되고, 다음 생애 단계로의 이행을 고려한 설계는 부족한 경우가 많다. 예컨대 학교를 졸업한 후 비진학·비취업 상태에 놓인 청년은 교육정책과 고용정책 모두의 사각지대에 놓이기 쉽다. 마찬가지로 노년기에 접어든 시민이 건강, 돌봄, 학습, 사회참여 등의 다양한 영역에서 지원을 받아야 할 때, 제도는 여전히 '복지', '건강', '여가', '교육'으로 갈라져 있어 삶의 통합적 지원이 어려운 구조다. 이와 관련하여 최근 사회적 논란이 된 '시설보호아동의 자립 문제'는 특히 주목할 만하다. 시설보호 종료 후 성인이 된 아동은 아무런 사회적 준비나 지원 없이 일시에 보호시설을 떠나야 하며, 생계, 주거, 학업, 심리적 불안을 동시에 감당해야 한다. 이는 전 생애를 고려하지 않는 정책의 전형적 단절 문제이며, 특히 취약계층에게 그 피해가 집중된다는 점에서 구조적 개혁이 요구된다.

결국, 개별 부처가 자기 기능만을 중심으로 설계하고 집행하는 분절적 국정 운영은 삶의 복합성과 생애 연속성을 제대로 반영할 수 없으며, 정책 수혜자의 체감 만족도와 행정의 효율성 모두를 저해하게 된다. 사회정책 중심 국정 운영을 실현하기 위해서는, 이러한 분절 구조를 넘어서 정책을 연계하고 통합하는 새로운 행정 설계 방식이 절실하다.

5. 분절된 행정체계의 극복과 통합설계의 필요성

한국의 행정체계는 오랜 시간 기능 중심, 부처 중심, 기관 중심의 설계를 지속해 왔다. 이는 각 부처의 고유 권한을 강조하고, 지방자치와 교육자치를 병렬적으로 발전시키는 과정에서 형성된 결과이기도 하다. 하지만 이러한 구조는 이제 사회정책 중심 국정 운영의 실현을 가로막는 가장 큰 구조적 장벽으로 작동하고 있다.

현재 공공서비스는 중앙정부, 지방자치단체의 일반행정관서와 교육청이 중첩적으로 제공하고 있다. 겉으로는 협력처럼 보이지만, 실제로는 역할 불분명, 책임 회피, 자원 분산, 기능 중복으로 인해 행정의 비효율성과 정책의 실효성 저하라는 이중고를 낳고 있다.

예를 들어, 초등학생의 방과 후 돌봄 정책은 교육부(늘봄학교)와 보건복지부(지역아동센터)가 따로 추진하고 있으며, 예술 활동을 위한 공공시설 역시 지자체의 시도예술회관과 교육청 산하의 학생예술회관이 병존하고 있다. 평생교육 분야에서도 지자체가 운영하는 평생교육기관과 교육청 소속 평생학습관이 서로 다른 체계로 운영되고 있다. 이러한 이중 구조는 시민의 입장에서는 불필요한 경계이자 불편함의 근원이며, 정책 목적의 달성에도 중대한 장애가 된다.

이는 단순한 부처 간의 협업 강화나 기관 간의 협조 권고로 해결될 문제가 아니다. 지금 필요한 것은 행정체계 전반에 대한 구조적 재설계(Re-design)이다.

국정 운영은 더 이상 기능 단위로 쪼개진 정책을 병렬적으로 나열하는 방식으로 지속될 수 없다. 이제는 삶의 조건과 시민의 생애 경로를 중심에 둔 통합 행정 설계가 필요하다. 예를 들어 교육청은 학교 공간에서의 교육 활동과 교육과정 운영에 집중하고, 학교 밖에서 이루어지는 돌봄, 예술, 평생학습, 문화, 안전 등의 공공서비스는 지방자치단체의 일반행정관서가 전문적으로 책임지는 구조로 역할을 재배분해야 한다. 중앙정부는 이러한 전체 체계를 조정하고 설계하며, 필요한 법·제도적 기반과 재정 지원을 제공하는 메타 수준의 기획자로 기능해야 한다.

이러한 기능 재구조화는 단지 '업무 조정'의 차원이 아니라, 공공행정의 기본 원리를 전환하는 구조적 개혁이다. 각 기관이 중첩되면서 책임이 모호해지고, 정책 사각지대가 생기며, 시민은 혼란을 겪는 지금의 행정 설계는 시민의 삶을 중심에 두는 사회정책 철학과 충돌한다.

이제 사회정책은 더 이상 경제정책의 후속 보완이나 단일 부처의 정책이 아니다. 그것은 국정 운영 전체의 원리이자, 사회를 재구조화하는 실천 프레임이다. 삶의 질, 사회적 연대, 지속 가능성이라는 가치를 중심에 둔 사회정책 중심 국정 운영은 단지 바람직한 이상이 아니라, 지금이 아니면 시도할 수 없는 절박한 시대적 과제이다.

사회정책 중심의 통합 행정 설계가 이루어지면 다음과 같은 변화가 가능해진다. ⅰ) 시민은 복잡한 정책 경계 없이 삶의 문제 중심으로 통합적 서비스를 제공받을 수 있다. ⅱ) 행정은 기능 중심이 아닌 목적 중심으로 재(再)정렬되어, 자원과 성과를 효율적으로 조정할 수 있다. ⅲ) 정책은 생애주기 전체를 아우르는 연속적 구조로 설계되어, 권리 실현의 사각지대가 줄어든다. 그리고 ⅳ) 조직은 협력과 연계가 전제된 구조 속에서 중복을 최소화하고 전문성을 강화할 수 있다.

'지금의 국정 운영은 정말로 시민의 삶을 향하고 있는가?' 이 질문에 진지하게 응답하기 위한 첫걸음이 바로, 사회정책 중심의 국정 운영이고, 이를 위한 실천적 방안이 바로 지금까지 설명한 통합설계 기반의 행정 재구조화인 것이다.

이 장에서는 사회정책 중심 국정 운영을 실현하기 위한 철학적 기반과 운영 원칙, 그리고 행정체계 재구조화의 당위성을 제시했다. 이제 다음 장에서는 이러한 철학이 실제 제도로 구현되기 위한 구체적인 조직 설계, 법령 체계, 행정 구조 개편 방안을 제시하고자 한다.

제10장

정책 설계의 새로운 접근

복잡하고 다층적인 사회문제를 해결하기 위해서는 이제 단순한 처방이 아니라 정밀한 설계, 그리고 실행 가능한 전략의 통합이 필요하다. 특히 RESET 사회가 지향하는 구조 전환은 선언이나 규범에 그쳐서는 안 되며, 현실 속에서 작동하는 실천적 정책 프로토콜로 이어져야 한다. 이 장에서는 구조 전환을 위한 정책 설계의 새로운 원리와 수단, 실행 전략을 제시한다.

1. 복합문제(Wicked Problem)에 대응하는 정책 설계 원리가 필요하다

오늘날 사회정책이 다루는 문제는 단선적 원인이나 단일한 해결책으로 설명되기 어렵다. 교육, 노동, 돌봄, 주거, 보건 등 삶의 기반을 이루는 핵심 영역들이 서로 얽히고설켜 있으며, 이로 인해 발생하는 문제들은 다차원적이고 다층적이다. 이를 정책학에서는 '복합문제(Wicked Problem)'라고 부른다.

이 개념은 1973년 호르스트 리텔(Horst Rittel)과 멜빈 웨버(Melvin Webber)가 「Dilemmas in a General Theory of Planning」이라는 논문에서 처음 제시한 것으로, 단순히 복잡하다는 의미를 넘어 문제의 본질이 불확실하고, 해법 자체가 논쟁적이며, 해결 과정에서 또 다른 문제를 유발할 수 있는 성격을 지닌다. 특히 도시계획, 환경, 복지, 교육, 지역개발과 같은 공공정책 영역에서 그 중요성이 부각되었다.

복합문제는 몇 가지 본질적 특징을 지닌다. 첫째, 문제의 정의 자체가 합의되지 않으며, 이해관계자마다 문제를 바라보는 시각이 다르다. 둘째, 해법이 '맞다/틀리다'가 아니라 '더 낫다/덜 낫다'의 수준에서 비교될 뿐이다. 셋째, 하나의 해법이 다른 문제를 야기할 수 있으며, 이로 인해 해결 시도를 반복하거나 되돌리기 어렵다. 넷째, 정책 효과를 사전에 실험하거나 검증하기 힘들고, 개입 결과가 돌이킬 수 없으며 비가역적인 경우가 많다. 다섯째, 기술적 도구나 전문적 분석만으로 해결될 수 없으며, 가치 판단과 정치적 선택이 불가피하게 개입된다.

이러한 복합문제의 전형적 예시는 우리 사회 곳곳에서 발견된다.

예컨대 저출생 문제는 단순히 출산율의 문제라기보다, 일자리, 주거, 돌봄, 교육, 젠더 불평등 등 다양한 요인이 얽힌 구조적 문제다. 사교육 문제 역시 교육제도의 단점을 넘어, 공교육의 기능 부전, 지역격차, 입시 경쟁, 정보 격차, 돌봄 공백이 한데 어우러진 문제로 보아야 한다. 지방소멸 문제 역시 인구감소만의 문제가 아니라, 일자리, 교통, 교육·의료 인프라, 문화기반, 지역 정체성의 위기까지 포괄하는 다차원적 위기이다.

이처럼 사회정책의 대상은 대부분 복합문제의 성격을 띠고 있으며, 그 해결 역시 기존의 기술 관료적 방식이나 일회성 정책 개입으로는 불가능하다. 오히려 문제를 '정의하는 방식' 자체를 새롭게 바꾸고, 다양한 시각에서 문제를 재구성하며, 그 안에서 공공의 가치를 어떻게 실현할 것인지에 대한 설계가 필요하다. 이를 위해서는 기존의 '기술적 해법 찾기'에서 벗어나, 정책 설계자 스스로가 '정의(正義)와 설계(Design)'의 관점을 결합하는 새로운 자세를 가져야 한다.

정책 설계는 더 이상 '정답을 찾아주는 도구'가 아니다. 오히려 공공성을 바탕으로 이해관계자들의 시각을 연결하고, 각자의 삶을 구조 속에서 이해하며, 공동의 목표를 향한 '설계와 조율의 과정'이어야 한다. 따라서 정책 설계자는 단순한 분석가나 예산 배분자가 아니라, 철학과 윤리를 바탕으로 정책을 재구조화할 수 있는 윤리적 설계자(Ethical Designer)로서의 자격을 갖추어야 한다.

복합문제에 대응하기 위한 구체적 정책 설계 전략은 다양하다. 문제의 정의를 결과 지표가 아닌 구조적 관계로 바라보는 '재정의(Reframing)' 전략, 생애주기별로 문제를 연결하고 축적된 구조로 접근하는 '목표 지향적 접근', 단일 부처 중심이 아닌 다(多)영역 통합설계를 전제로 하는 '통합적 설계 전략', 시민사회와 지역 주체가 참여하는 '거버넌스 기반 설계', 정책의 실행 가능성(Deliverability)을 고려한 실행 중심 설계, 그리고 기술적 타당성보다 가치 판단을 중시하는 윤리 기반 설계까지, 이 모든 것이 복합문제에 대응하는 설계의 핵심 요소다.

이러한 원리들은 이후 장에서 보다 구체적으로 제시될 것이다. 우리가 꿈꾸는 RESET 사회는 단지 구조 전환의 이상(理想)을 말하는 것이 아니라, 그 전환을 가능하게 만드는 구체적인 정책 설계의 실행 프로토콜을 함께 구축하는 것이다. 이 장(章)의 남은 절들은 그 실천 방안을 하나씩 풀어나가는 과정이다.

2. 문제를 다시 묻다: 문제 재정의(Reframing) 전략

정책 설계의 출발점은 문제를 어떻게 정의하느냐에 달려 있다. 문제 정의가 곧 해결의 방향과 수단, 평가 기준을 규정하기 때문이다. 그러나 기존의 정책 설계는 대부분 '이미 정해진 문제'에 '기술적으로 맞는 해법'을 찾는 방식으로 이루어져 왔다. 이는 정책을 기술적 처방으로 축소시켜, 문제의 본질을 흐리거나 해결을 더욱 어렵게 만드는 결과를 초래한다.

특히 복합문제(Wicked Problem)일수록, 문제를 어떻게 정의하느냐는 단지 분석의 문제가 아니라 정치적·사회적 선택의 문제이며, 윤리적 판단이 개입되는 행위가 된다. 따라서 복합문제에 접근하는 첫 번째 전략은 문제 자체를 다시 정의하는(Reframing) 일이다. 다시 말해, '이 문제가 진짜 문제인가', 혹은 '우리가 정말 해결하려는 것이 무엇인가'라는 질문부터 다시 시작해야 한다.

예컨대 저출생 문제는 흔히 출산율 하락이라는 지표로 정의된다. 하지만 이 문제를 '국가 경쟁력의 저하'라는 시각에서만 볼 것인가, 아니면 '개인의 삶의 조건이 출산을 선택할 수 없을 정도로 취약해진 상태'로 이해할 것인가에 따라 정책의 방향은 완전히 달라진다. 전자의 관점에서는 출산 장려금, 세제 혜택, 난임 시술 지원 등의 정책이 중심이 되지만, 후자의 관점에서는 일자리, 주거, 성평등, 돌봄, 교육, 노동시간 등 삶의 조건 전반을 다루는 포괄적 정책 설계가 요구된다.

또한 학교 밖 청소년 문제를 '관리되지 않는 청소년의 일탈'로 볼 것인지, 아니면 '학교 제도 밖으로 배제된 청소년의 삶을 되돌아보는 기회'로 볼 것인지에 따라 정책의 접근은 전혀 다르다. 후자의 경우, 제도권 학교 시스템의 유연성, 돌봄과 상담 체계, 지역사회 기반 학습 기회의 재구성 등 근본적 재설계가 전제되어야 한다.

이처럼 Reframing 전략은 단순히 문제의 정의를 바꾸는 것이 아니라, 문제의 배경과 구조, 시간적 맥락, 당사자의 경험, 그리고 이해관계자의 시선을 통합적으로 재조명하는 과정이다. 특히 다음의 세 가지 관점이 중요하다.

첫째, 결과 중심 정의에서 구조 중심 정의로 전환해야 한다. 예를 들어 '청소년 자살률 증가'라는 결과 지표에만 집중하는 것이 아니라, 그 뒤에 놓인 가정 해체, 정서적 단절, 성적 압박, 미래 불안정이라는 구조적 요인을 함께 바라보아야 한다.

둘째, 개인의 문제를 생애 주기적·생활 경험적 맥락에서 재구성해야 한다. 학업 중단은 단지 교실에서의 이탈이 아니라, 가정, 지역, 노동시장, 또래 문화 등에서 누적된 경험의 결과일 수 있다. 따라서 생애 단위에서의 경로 추적과 정책 설계가 필요하다.

셋째, 이해관계자별 관점을 다층화해야 한다. 같은 문제에 대해 학생, 학부모, 교사, 정책가, 시민사회, 언론은 서로 다른 해석을 내놓는다. 이들의 다층적 시각을 정책 설계에 반영할 때 비로소 지속 가능한 합의와 실행이 가능해진다.

정책이 문제를 다루는 방식이란, 결국 어떤 사회를 만들고자 하는가에 대한 가치 선택이다. 그렇기 때문에 Reframing은 정책 설계의 기술이 아니라 철학이며, 전략이 아니라 출발점이 된다.

3. 정책은 목표를 향해야 한다: 목표 지향적 설계와 생애주기 접근

정책은 문제에 반응하는 것이 아니라, 목표를 향해 나아가는 과정이어야 한다. 문제 중심의 접근이 긴급한 사안에 빠르게 대응할 수는 있지만, 그것이 반복되다 보면 정책은 늘 사후 대응에 치우치고 단기 처방에 머무르게 된다. 결과적으로, 문제는 잠시 가려질 수 있어도 그 뿌리는 여전히 남아, 사회는 같은 문제를 다른 이름으로 반복하게 된다.

따라서 정책은 단지 '무엇이 문제인가'를 묻는 데 그치지 않고, '우리는 어떤 상태를 지향하는가?', '어떤 삶이 더 나은 삶인가?'를 물어야 한다. 이것이 바로 문제 지향(Problem-Oriented)이 아닌 목표 지향(Goal-Oriented)의 정책 설계이다.

목표 지향적 정책 설계는 단지 방향 설정이 아니라, 설계의 단위와 순서를 바꾸는 일이다. 예를 들어, 청소년의 학력 저하 문제가 있을 때, 그에 대한 대처로 보충수업이나 사교육비 지원 같은 단기 해법을 제시할 수도 있다. 그러나 그것은 당장의 문제에 반응하는 방식이다. 반면, 이 문제를 '평생을 통해 스스로 학습할 수 있는 힘을 키우는 사회'를 목표로 본다면, 접근 방식은 완전히 달라진다. 이때 필요한 것은 학습 역량, 동기, 교육과정의 의미 부여, 지역 기반 학습 자원, 다양한 성취의 인정 체계 등으로 설계가 확장되고 구조화된다.

특히 생애주기 접근은 목표지향 설계를 시간의 축 위에 올려놓는 방법이다. 삶은 특정 시점의 문제가 아니라, 시간이 누적되어 구조를 이루는 흐름이다. 개인이 경험하는 문제는 대부분 생애 경로상에서 축적된 결과이며, 그에 따라 정책도 생애 전반을 고려해 설계되어야 한다.

예컨대 노동시장에서의 직무 역량 부족 문제는 단지 성인기 교육의 실패가 아니라, 청소년기에 진로 설계가 이뤄지지 못했거나, 초등학교부터 탐색과 기초 학습이 충분히 이루어지지 않았던 누적의 결과일 수 있다. 노인의 사회 고립 문제 역시 은퇴 이후의 대응만으로는 해결되지 않으며, 중장년기의 사회참여 기회 축적, 지역 커뮤니티의 유무, 건강과 학습의 지속성이라는 생애 전반의 과정이 작동한 결과일 수 있는 것이다.

이러한 접근을 위해 정책 설계에는 세 가지 원리가 적용되어야 한다.

첫째, '현재의 문제'가 아니라 '지속 가능한 삶'이라는 목표를 중심에 두어야 한다. 예를 들어, 기초생활보장을 넘어 자립과 존엄을 포함하는 삶의 질 향상이라는 목표로 사회보장 정책을 재구성해야 한다.

둘째, 개인의 삶을 '사건 단위'가 아니라 '경로 단위'로 이해해야 한다. 즉, 실업, 질병, 학업 중단 등은 사건이지만, 그 사건들이 어떤 경로에서 나왔는지를 보는 것이 중요하다. 이를 위해 정책은 경로 설계

(Pathway Design)의 방식으로 바뀌어야 한다.

셋째, 연계와 축적을 고려한 설계가 되어야 한다. 생애 단계별 정책이 단절적으로 운영되면 개인의 삶은 정책의 틈 사이에서 흘러버리게 된다. 초·중·고·대학·직업훈련·은퇴 후 학습까지 이어지는 학습권의 연속성, 출산·육아·돌봄·노년까지 이어지는 돌봄권의 연계성, 이러한 정책 간 연결과 축적이 설계의 핵심이 되어야 한다.

결국 목표 지향적 설계와 생애주기 접근은 복합문제에 대응하는 첫 번째 전제인 '문제 재정의'를 전제로 하면서도, 그에 대한 첫 번째 실천 전략이 된다. 문제를 다시 묻는 것을 넘어서, '무엇을 향해 정책을 설계할 것인가?'를 분명히 하여, 단절적·반응적 정책에서 통합적·예방적 정책으로의 전환을 이끄는 길이다. 이 원리가 정착될 때, 정책은 더 이상 불만을 잠재우는 수단이 아니라, 삶의 방향을 함께 설계하는 동반자가 될 것이다.

4. 기술이 아니라 조율이다: 수단 설계와 제도 정합성 확보

정책이 실현되기 위해서는 이상적 목표나 정당한 문제 인식만으로는 부족하다. 그것이 실행 가능한 정책이 되기 위해서는, 구체적인 수단이 현실의 제도적 틀 속에서 작동할 수 있도록 정합성(Coherence) 있게 설계되어야 한다. 즉, 문제 정의와 목표 설정이 '정책적 상상력'의 영역이라면, 수단 설계와 제도 정합성은 '제도적 실행력'의 영역이다. 구조 전환은 이 두 영역의 긴밀한 결합 없이 이루어질 수 없다.

그러나 지금까지 한국의 정책 설계는 종종 '좋은 아이디어'가 현실 구조와 조율되지 못한 채 좌초하거나, 반대로 기존의 제도 안에 끼워 맞추기 위한 무리한 단순화로 인해 정책이 왜곡되는 일을 반복해 왔다. 이는 정책이 '기술'의 문제가 아니라, '조율'의 문제임을 간과했기 때문이다.

정책 수단은 단지 어떤 프로그램이나 사업의 형태를 의미하지 않는다. 그것은 법률과 계획, 조직과 예산, 행정과 거버넌스 체계가 어떻게 연결되어 있는지를 종합적으로 고려한 운영 가능한 정책 구성 체계를 의미한다. 따라서 설계자는 다음의 네 가지 차원에서 수단과 제도 사이의 정합성을 확보해야 한다.

첫째, 법령과 정책 수단의 연결성이다. 정책이 작동하기 위해서는 그 기반이 되는 법령과의 정합성이 필수적이다. 때로는 새로운 정책을 추진하기 위해 기존 법령을 재해석·변경하거나, 심지어는 새로운 법률 제정을 동반해야 하는 경우도 있다. 예를 들어, 지역 평생교육체계를 재편하려는 정책이 있다면, 「평생교육법」, 「지방자치법」, 「지방교육자치에 관한 법률」, 심지어 「고등교육법」까지도 함께 검토되어야 한다. 여러 법령에 분산되어 있는 권한과 책임의 분절을 통합하는 설계 없이는 새로운 정책은 정착되지 않는다.

둘째, 계획 간 정합성이다. 중앙정부의 기본계획, 지방정부의 실행계획, 유관 부처의 부문 계획 등이 서로 시계열과 범위, 목표체계에서 충돌하거나 중복되는 경우가 많다. 예산이 분산되고, 책임 주체가 모호해지며, 행정 혼선이 불가피하다. 따라서 설계자는 계획을 수직적으로 위계화할 것이 아니라, 수평저으로 조율하고 상호 참조 가능한 구조로 재설계해야 한다. 이를 위해서는 공통된 목표 프레임, 통합된 성과지표, 계획 간 피드백 구조가 필요하다.

셋째, 조직과 역할의 정합성이다. 정책 설계가 성공하려면 정책 집행조직의 권한과 책임, 전문성, 연결 구조가 설계된 정책과 정합성을 가져야 한다. 예컨대 취약계층 대상 학습 프로그램을 확대한다면, 단지 예산만 확보할 것이 아니라, 실제로 이를 집행할 수 있는 상담 인력, 운영 기관, 품질 관리 체계가 구성되어 있어야 한다. 이때 지방자치단체의 일반행정관서와 교육청, 민간기관 사이의 역할 정립과 상호 보완 구조도 함께 설계되어야 한다.

넷째, 예산 구조의 적합성이다. 혁신적 정책이 흔히 좌절되는 가장 현실적인 이유는 재정의 부조화다. 정책 목표와 예산 구조가 다르면 실행력은 약화되고, 형식만 남게 된다. 더 나아가 예산 항목의 구조도 중요하다. 단년도 단위 예산, 항목별 예산의 세분화, 성과지표 중심 예산이 실제로는 유연성과 지속성을 방해하는 경우가 많다. 따라서 수단 설계자는 단지 금액 배분이 아니라, 예산 구조 자체를 목표에 맞게 구성적 개편(Compositional Restructuring)할 수 있어야 한다.

요약하자면, 정책 설계에서 중요한 것은 개별 요소 하나하나의 정교함이 아니라, 그 요소들 사이의 조율된 구조다. 문제 재(再)정의와 목표 설정이 아무리 뛰어나더라도, 그것이 실행되지 않는다면 그것은 설계가 아니라 선언에 불과할 따름이다. 따라서 설계자는 기술자가 아니라 조율자이자 시스템 설계자로서 기능해야 하며, 정책이 실행 가능하고 지속 가능한 구조 위에서 작동하도록 설계해야 한다. 이러한 수단과 제도의 정합성이 확보될 때, 비로소 정책은 삶 속으로 스며들 수 있다.

5. 수직을 넘어서 수평으로: 칸막이 행정 극복과 협업 거버넌스

앞 절까지 문제를 재정의하고, 목표를 세우고, 수단과 제도적 정합성을 갖추는 작업이 이루어졌다면, 이제 남은 과제는 그것이 어떻게 실제 행정 체계 속에서 작동할 것인가이다. 아무리 잘 설계된 정책이라 하더라도, 그것이 작동할 구조가 수직적이고 분절되어 있다면, 결과는 미봉책이거나 형식에 그칠 수밖에 없다.

지금 우리가 직면한 복합문제는 대부분 단일 부처나 한 조직의 힘으로는 해결될 수 없는 구조를 갖는다. 돌봄, 청년 문제, 지역 소멸, 저출생, 기후 위기 등은 모두 다수의 부처가 관련되고, 다층의 행정 주체가 관여해야 하는 통합형 문제이다. 그럼에도 불구하고 우리의 행정 시스템은 여전히 부처별로 분절된 기획, 자기 조직 중심의 예산집행, 성과 책임의 단절이라는 고질적 구조에 갇혀 있다. 이른바 '부처 이기주의' 혹은 '칸막이 행정'은 단순한 비효율이 아니라, 구조 전환을 가로막는 실질적 장애로 존재한다.

복합문제를 해결하기 위해서는 수직적 지휘체계에서 수평적 협업체계로의 전환이 필수적이다. 그리고 이 전환은 단순히 행정조직 간 협조 공문을 주고받는 수준이 아니라, 정책의 기획-조정-집행 전 과정에서 공동의 기획과 실행을 제도화하는 방식이어야 한다.

첫째, 정책 기획 단계에서부터 공동 기획 TF(Task Force)나 범부처 전략협의체를 구성해야 한다. 특정 부처가 주도하고 타 부처가 들러리서는 방식이 아니라, 정책의 목표와 성과를 함께 논의하고, 문제 진단과 자원 배분의 기준을 공유해야 한다. 이를 통해 정책 설계 자체가 '부처 간 조정의 대상'이 아니라 '공동의 창작물'로 전환된다. 이런 인식이 존재해야 각종 정부 위원회가 제 기능을 발휘한다.

둘째, 정책 실행에 있어서는 공동 성과지표와 통합 성과관리 시스템이 필요하다. 현재의 성과관리 체계는 각 부처별, 과제별로 흩어져 있어 총체적 효과를 가늠하기 어렵고, 서로의 기여도와 책임도 분명히 할 수 없다. 정책의 '기대효과'가 현실에서 작동하기 위해서는 정책을 실행하는 여러 조직들이 공통된 목표와 평가지표를 기준으로 협력하고, 상호 피드백을 할 수 있는 구조를 갖추어야 한다.

셋째, 이러한 수평적 구조는 중앙정부 내부만이 아니라, 중앙정부와 지방정부 사이에서도 제도적으로 구현되어야 한다. 전통적인 방식은 기획과 전략은 중앙이 담당하고, 집행은 지방이 맡는 수직적 기능 분담 구조를 전제로 해왔다. 그러나 복합문제를 다루는 정책에서는 이러한 구분이 더 이상 유효하지 않다.

정책의 실행 가능성(Deliverability)은 기획 단계에서부터 현장의 현실을 반영할 때에만 확보될 수 있으며, 이를 위해서는 기획과 전략 수립 과정에서부터 지방과의 수평적 협의 기제가 제도화되어야 한다. 단순한 의견 수렴이 아니라, 지방정부가 정책 설계의 공동 참여자로 기능할 수 있도록 구조를 재설정해야 한다.

그리고 이러한 협의 과정을 통해 도출된 실행 전략을 지방정부가 책임 있게 수행할 수 있도록, 국가는 필요한 행정적·재정적 지원을 제공할 의무를 져야 한다. 다시 말해, 지방은 단순한 집행 수탁기관(Agent)이 아니라, 정책 실행의 현실성과 타당성을 담보하는 설계의 공동 주체(Subject)로 자리 잡아야 하며, 국가는 그러한 실행 주체를 지속적으로 지원하고 뒷받침하는 보장적 역할을 수행해야 한다.

넷째, 협업 구조를 제도화하기 위해서는 중간지원조직 또는 공동추진기구의 설계도 중요하다. 예를 들어, 지역 단위에서 복합문제 해결을 위한 지역혁신플랫폼이나 복합과제 거버넌스 센터와 같은 조직이 설계되어야 한다. 이들은 공공기관, 민간단체, 시민사회, 전문가 집단

등이 함께 참여하여 문제를 진단하고, 지역 기반의 솔루션을 공동 기획하며, 실행과 평가까지 책임지는 구조로 운영될 수 있다. 결국 복합문제는 개별 부처 중심의 행정조직만으로는 설계할 수도, 실행할 수도 없다. 문제의 본질이 다(多)영역적이고, 그 해결이 삶의 현장과 긴밀하게 연결되어 있는 이상, 이제는 협업(Governance) 없는 정책은 존재할 수 없다는 전제 위에서 설계를 다시 시작해야 한다.

이제 정책 설계자는 문제를 설계하는 자이자, 조직 간 연결을 설계하는 자가 되어야 한다. 협업은 선언이 아니라 설계의 대상이며, 수직적 칸막이를 넘어 수평적 공조의 구조를 구체화할 때, 비로소 구조 전환은 현실이 될 수 있다.

6. 시민은 정책의 객체가 아니다: 협치와 참여의 제도화

정책이란 무엇인가. 그것은 정부가 정하고 시민은 따르는 일방적 명령이 아니다. 정책이란 본래 시민이 공동체 안에서 어떤 삶을 살고자 하는지를 서로 묻고, 정하고, 실천하는 공동의 기획이며 사회적 계약이다. 그럼에도 불구하고 한국의 행정과 정책 문화는 오랫동안 시민을 수혜자이자 객체(Object)로만 간주해 왔다. 정책 결정은 전문가와 관료의 영역, 시민은 설명회나 홍보의 대상이었다.

그러나 복합문제가 일상화된 오늘날, 더 이상 이러한 구조는 작동하지 않는다. 삶의 현장은 정부가 감당할 수 없는 다양성과 속도로 변화하고 있고, 문제는 제도 바깥에서 먼저 발생하며, 해법 역시 제도 바깥의 삶 속에서 실험되고 있다. 이제 정책은 시민사회의 자발적 지식, 경험, 판단 없이는 실현될 수 없으며, 정책 설계 단계부터 시민사회가 주체로 참여하는 구조가 요구된다.

이를 위해 필요한 것이 바로 협치(Governance)의 제도화이다. 협치는 단순한 주민참여나 민관협력의 확대가 아니라, 정책의 기획–설계–집행–평가 전 단계에서 시민사회가 실질적으로 영향력을 행사할 수 있도록 하는 제도적 구조의 구축을 의미한다. 이는 다음의 세 가지 차원에서 구체화될 수 있다.

첫째, 공론화 제도의 상시화와 제도화가 필요하다. 지금까지의 공론화는 사회적 갈등이 표면화된 이후 '한시적 대응' 차원에서 이루어졌지만, 이제는 정책 수립 초기 단계에서부터 시민사회가 참여하는 상설 구조가 필요하다. 이를 위해 숙의형 시민의회, 정책시민포럼, 온라인 참여 플랫폼, 참여예산제 등 다양한 형식의 공론장이 제도적 기반 위에서 운영되어야 한다. '빨리빨리' 문화에서 벗어나야 한다.

둘째, 사회적 협의기제(Social Dialogue Mechanism)를 강화해야 한다. 복합 문제일수록 다수의 이해관계자가 얽혀 있으며, 이들의 갈등을 피하지 않고 협의와 조정의 과정으로 전환하는 것이 중요하다. 이를 위해 단일 이익집단 중심의 위원회 운영에서 벗어나, 가치 기반의 다중 이해관계자 협의구조, 즉 전문가, 시민단체, 당사자 그룹, 지역 단체가 함께 참여하는 복합구성 협의체가 필요하다. 그리고 이 협의체는 단순한 자문을 넘어 실질적 정책 설계 권한을 일부 공유할 수 있어야 한다.

셋째, 시민사회단체(CSO: Civil Society Organization)의 정책 실행 파트너화가 요청된다. 정책 집행 단계에서 민간 위탁이 아닌 공공성을 공유하는 실행 주체로서의 시민사회를 인정하고, 그에 상응하는 지원과 평가체계를 갖추는 것이 핵심이다. 이를 위해서는 단순 보조금 지원을 넘어, 성과 기반 계약, 공동 목표 설정, 자율성과 책무성의 균형 있는 파트너십 체계를 설계해야 한다.

결국 협치는 정치적 수사나 설명 방식이 아니라, 정책 설계의 구조 그 자체를 바꾸는 일이다. 누가 정책을 기획하는가, 누구의 목소리가 반영되는가, 누가 실행의 책임을 공유하는가에 대한 구조적 전환이 있을 때 비로소 협치는 구호가 아닌 실천이 된다.

이러한 협치의 제도화는 정책의 민주성을 높이는 것에서 멈추지 않는다. 오히려 그것은 정책의 질과 지속 가능성을 높이는 전략이다. 시민사회는 현장과 일상, 실험과 경험을 통해 정부가 미처 보지 못한 영역을 채워 줄 수 있고, 그러한 참여는 정책의 수용성과 실효성을 동시에 끌어올린다.

'시민은 정책의 대상(Object)이 아니라, 동행자이자 공동 설계자

(Subject)이며, 때로는 정부의 대리인(Agent)'이라는 전환은 RESET 사회가 지향하는 정책 설계의 핵심 원리이다.

7. 예산은 선택의 철학이다: 사회정책 투자에 대한 인식 전환

정책의 방향을 아무리 정교하게 설계하더라도, 그것이 예산으로 뒷받침되지 않으면 현실로 구현되지 않는다. 예산은 숫자가 아니라, 무엇이 더 중요하고, 누구를 우선하고, 어떤 사회를 지향하는지에 대한 집합적 가치 선택이다. 따라서 예산은 단순한 재정 운영의 기술이 아니라, 사회적 철학의 구체화다.

하지만 여전히 많은 사람들에게 사회정책은 소모적인 지출, 즉 '재정 건전성을 갉아먹는 부담'으로 인식된다. 반면 도로나 공항, 철도, 산업단지 같은 사회간접자본(SOC)에는 '투자'라는 용어가 자연스럽게 붙는다. 이유는 그것이 경제적 수익률로 환산될 수 있고, 가시적인 물리적 성과를 남기기 때문이다.

그러나 우리는 이제 질문을 바꾸어야 한다. '공항 하나 짓는 것과, 시민 수천 명이 매일 이용할 수 있는 작은 도서관 수백 곳을 만드는 것 중, 무엇이 더 나은 삶을 만드는 것인가?', '과연 '투자'란 무엇인가?', '물리적 구조물만이 아니라 사람의 삶의 질을 향상시키는 일은 왜 투자라고 말하지 않는가?'

사회정책은 단기 수익률로 측정되기 어렵지만, 장기적으로는 시민의 역량(Capability)을 높이고, 사회적 연대를 강화하며, 불평등과 갈등의 비용을 줄이는 가장 확실한 투자다. 소득 보장, 돌봄 서비스, 교육 인프라, 문화시설, 공공의료, 지역 커뮤니티 재생 등은 개인의 자율성과 존엄을 확장시키며, 사회 전반의 지속 가능성을 높인다. 이런 점에서 사회정책은 사회적 생산성을 위한 미래 투자이다.

이러한 관점에서 예산을 편성한다면, 단지 '얼마를 쓰느냐'가 아니라 '무엇에 우선순위를 두느냐'의 문제가 된다. 예컨대 다음과 같은 질문을 던져야 한다.

- 누구의 일상에 닿는 예산인가?
- 한정된 자원을 어디에 배분해야 가장 많은 사람의 삶이 나아지는가?
- 물리적 시설의 규모보다, 운영의 질과 접근성이 더 중요한 것은 아닐까?

이런 질문은 매우 현실적인 사례를 통해 설득력을 갖는다. 대표적인 예(例)가 새만금 개발 사업이다. 이 사업에는 수십 년간 막대한 재정이 투입되었지만, 지금까지 경제적 회수는 거의 이루어지지 않았고, 사회적 자산으로서의 기능도 미약했다. 특히 2023년 세계 잼버리 대회를 통해 드러난 준비 부족과 시설 부실은, 예산이 잘못된 방향으로 쓰였을 때의 국가적 신뢰 손실과 사회적 자존감 훼손을 여실히 보여 주었다.

만약 새만금 개발에 투자된 예산이 전북 지역 곳곳의 체육관, 문화센터, 지역 복지관, 공공예술 공간 등으로 배분되었다면 어땠을까? 지역 주민들의 삶의 질을 향상시키고, 청년과 고령층의 공공 일자리 창출과도 연결되며, 지역 기반의 지속 가능한 공공서비스 생태계를 구축할 수 있었을 것이다.

이러한 선택의 차이가 바로 정책 철학의 차이다. 한편은 보여 주는 것에 집중하고, 다른 한편은 사는 것에 집중한다. 우리는 묻지 않을 수 없다. "겉으로는 멋져 보이고 괜한 자부심을 갖게 만드는 시멘트 구조물에 돈을 쓸 것인가?" 아니면 "시민들의 하루하루 삶을 더욱 가치 있고 풍요롭게 만드는 작은 도서관, 공공체육시설, 음악당, 공원 등에 투자할 것인가?" 이 선택은 정부의 몫이 아니라, 대한민국 국민 모두의 몫이다. 그리고 이 선택이 쌓여, 우리가 어떤 사회를 만들고자 하는지가 결정된다.

8. 정책 설계자는 누구인가: 윤리적 설계자로서의 정책가

정책 설계는 기계처럼 작동하는 기능이 아니다. 그것은 문제를 어떻게 바라볼 것인가에 대한 철학이며, 그 철학을 현실 속에 구현하기 위한 제도, 수단, 구조, 재정, 그리고 관계의 설계이다. 따라서 정책 설계의 본질은 기술이 아니라, 윤리적 판단과 공공적 상상력의 결합이며, 설계자는 단순한 전문가가 아니라 윤리적 실천자이자 공적 사상가이다.

우리가 지금까지 살펴본 '복합문제 재정의', '목표 지향적 설계', '제도 정합성과 실행 구조 설계', '수평적 거버넌스와 협치', '예산의 철학화'는 모두 이러한 윤리적 정책 설계자의 책임과 역량에 달려 있다. RESET 사회의 구조 전환은 단지 제도를 고치는 일이 아니라, 그 제도를 설계하는 사람의 태도와 품격을 바꾸는 일이다.

그렇기에 정책 설계자는 '할 수 있는 것만 하는 사람'이 아니라, '해야 할 것을 설계하는 사람'이어야 한다. 때로는 다수의 요구를 유보하고, 눈앞의 수치를 넘어서며, 단기 성과보다는 장기 구조 전환을 설계하는 정치적 용기가 필요하다. 정책은 늘 사람들의 기대와 불만 사이에 놓여 있고, 그 틈에서 설계자는 '지금 필요한 것'과 '결국 옳은 것' 사이에서 끊임없이 판단해야 한다.

이 지점에서 우리는 사회정책과 포퓰리즘(Populism)의 경계에 대해 묻지 않을 수 없다. 사회정책은 인간다운 삶을 보장하는 공공적 책임의 실현이지만, 그 집행 방식에 따라 쉽게 포퓰리즘적 지출로 전락할 수 있는 위험을 안고 있다. 현금성 지원, 선심성 공약, 지속 가능성 없는 확대 지출 등은 겉보기에 사람을 위한 정책처럼 보이지만, 사실은 문제의 구조를 은폐하고 책임을 유보하는 방식일 수 있다.

이러한 포퓰리즘의 유혹은 사회정책의 정당성 자체를 훼손하고, 결국 정책에 대한 시민의 신뢰를 무너뜨린다. 설계자는 여기서 단지 '돈을 어디에 쓰는가?'만이 아니라, '왜, 어떤 방식으로, 누구와 함께 쓰는가?'를 끝까지 고민해야 한다. 사회정책은 '주는 것'이 아니라, '함께 삶을 설계하는 것'이라는 본질을 잊지 않아야 한다.

이를 위해서는 정책가 혼자만의 윤리적 고뇌로는 충분하지 않다. 시민사회가 동반자가 되어야 하며, 정책 설계의 전 과정에 참여하고, 비판하고, 협력해야 한다. 앞서 논의한 공론화, 사회적 협의기제, 시민사회단체의 정책 파트너화는 단지 민주주의의 절차가 아니라, 포퓰리즘으로부터 사회정책을 지켜 내는 집단적 방어 장치이기도 하다.

정책 설계자는 또한 기술 관료를 넘어서야 하며, 정치적 언어에만 기댄 기획자가 되어서도 안 된다. 그는 구조적 상상력과 윤리적 태도, 그리고 공공성과 실행력을 동시에 품은 실천가여야 한다. RESET 사회는 바로 그런 설계자들 위에서만 실현될 수 있다. 그리고 이 책을 덮는 이 순간, 독자인 당신 역시 새로운 사회를 설계할 시민 설계자로 호출되고 있는 것이다.

맺음말

"사회는 자연이 아니며, 지금의 구조는 절대적인 것이 아니다.
우리가 설계하면 달라질 수 있다."

우리는 너무 오랫동안 사회를 '주는 것'이라 믿고 살아왔다. 제도는 주어지는 것이고, 법은 이미 결정된 것이며, 정책은 전문가와 정치인이 알아서 만드는 것이라 여겨 왔다. 그렇게 주어진 사회 속에서, 우리는 자리를 찾고, 권리를 요구하고, 때로는 체념하며 살아왔다.

하지만 이 책은 그러한 믿음에 대해 도전했다. '지금의 사회는 과연 최선인가?', '당신은 어떤 사회에서 살고 싶은가?'라는 질문은 단지 감성적인 물음이 아니라, 정치적이며 실천적인 선언이었다. 우리가 살고 싶은 사회는 누군가 만들어 줄 대상이 아니라, 우리가 함께 설계해야 할 책임이자 기회이기 때문이다.

이 책은 주거권, 근로권, 학습권, 문화권, 보건권이라는 삶의 기본 조건을 중심으로, 사회정책의 철학과 구조, 수단과 전략을 하나씩 다시 설계해 보는 시도였다. 그리고 마지막 장에서는 그러한 비전이 현실이 되기 위해, 정책 설계의 실행 프로토콜이 어떻게 구성되어야 하는지를 함께 고민했다.

복합문제의 재정의, 목표지향과 생애주기 설계, 수단과 제도의 정합성, 칸막이 행정 극복, 시민사회와의 협치, 예산의 재인식, 그리고 윤리적 설계자로서의 정책가, 이 모든 것은 단지 정책의 기술을 말하려는 것이 아니다. 이는 우리가 다른 삶을 상상할 권리, 그리고 그 삶을 구현할 구조를 함께 설계할 책임에 대한 이야기였다.

이 책을 마치며, 다시 한번 묻고 싶다.

지금도 경제성장이 곧 삶의 질의 향상이라고 믿고 계십니까?
지금도 멋져 보이는 대형 구조물에 엄청난 돈을 투자하는 것이 선진국이라고 생각하십니까?
지금도 사람의 삶보다 숫자의 성장이 더 중요하다고 느끼십니까?

지금도 정책은 전문가와 정치인이 알아서 결정하고, 시민은 수동적으로 수용하면 되는 것이라고 믿고 계십니까?

이 질문들에 대한 대답이 '아니오!'라면, 우리에게 필요한 것은 기존의 사회공학(Social Engineering)을 넘어서려는 새로운 설계의 정치학이다. '사회공학'이라는 단어는 오랜 시간 동안 부정적 의미로 쓰여 왔다. 인간을 통제하려는 기획, 권력에 의해 조작된 시스템, 기술관료주의의 도구라는 이미지가 그것이다. 하지만 이제는 그 오명을 벗어나야 할 때다. 우리에게 필요한 것은 그런 통제적 사회공학이 아니라, 시민과 함께 만드는 공공적 사회설계이다.

새로운 사회공학은 위로부터의 강제적 기획이 아니라, 공공적 협의로서의 설계이고; 일방적 통치가 아니라, 민주적 합의로 완성되는 사회적 건축이며; 사람을 대상화하는 기술이 아니라, 사람을 중심에 둔 구조화된 상상력이다. 새로운 사회에 대한 정책적 상상력이 중요함을 의미한다.

이제는 '주는 사회'를 기다릴 것이 아니라, '설계하는 시민사회'로 전환해야 할 시간이다. 우리가 살고 싶은 사회는 누가 대신 만들어 줄 수 없다. 우리가 묻고, 우리가 설계하고, 우리가 책임져야 한다.

마지막으로 새로운 질문을 던진다.

그런데 우리는 이를 해낼 지식이 충분한가?
한때 나라를 이끌었다는 공무원 집단은 과연 유능하고 도덕적인가?

당신은
어떤 사회에서
살고 싶으십니까

초판 1쇄 발행 2025. 7. 30.

지은이 김환식
펴낸이 김병호
펴낸곳 주식회사 바른북스

편집진행 황금주
디자인 김효나

등록 2019년 4월 3일 제2019-000040호
주소 서울시 성동구 연무장5길 9-16, 301호 (성수동2가, 블루스톤타워)
대표전화 070-7857-9719 | **경영지원** 02-3409-9719 | **팩스** 070-7610-9820

•바른북스는 여러분의 다양한 아이디어와 원고 투고를 설레는 마음으로 기다리고 있습니다.
이메일 barunbooks21@naver.com | **원고투고** barunbooks21@naver.com
홈페이지 www.barunbooks.com | **공식 블로그** blog.naver.com/barunbooks7
공식 포스트 post.naver.com/barunbooks7 | **페이스북** facebook.com/barunbooks7

ⓒ 김환식, 2025
ISBN 979-11-7263-508-4 93300

•파본이나 잘못된 책은 구입하신 곳에서 교환해드립니다.
•이 책은 저작권법에 따라 보호를 받는 저작물이므로 무단전재 및 복제를 금지하며,
이 책 내용의 전부 및 일부를 이용하려면 반드시 저작권자와 도서출판 바른북스의 서면동의를 받아야 합니다.